제가 말을 잘 못해요,
소심해서요

제가 말을 잘 못해요, 소심해서요

초판 1쇄 인쇄일 ┃ 2019년 12월 05일   초판 1쇄 발행일 ┃ 2019년 12월 10일

지은이   ┃ 자오민(兆民)
옮긴이   ┃ 하은지
펴낸이   ┃ 강창용
책임편집 ┃ 신선숙
디 자 인 ┃ 가혜순
책임영업 ┃ 최대현

펴낸곳   ┃ 느낌이있는책
출판등록 ┃ 1998년 5월 16일 제 10-1588
주 소   ┃ 경기도 고양시 일산동구 중앙로 1233(현대타운빌) 407호
전 화   ┃ (代)031-932-7474
팩 스   ┃ 031-932-5962
이메일   ┃ feelbooks@naver.com
포스트   ┃ http://post.naver.com/feelbooksplus
페이스북 ┃ http://www.facebook.com/feelbooksss

ISBN 979-11-6195-099-0   03190

* 잘못된 책은 구입처에서 교환해 드립니다.

이 도서의 국립중앙도서관 출판예정도서목록(CIP)은 서지정보유통
지원시스템 홈페이지(http://seoji.nl.go.kr)와 국가자료종합목록 구축
시스템(http://kolis-net.nl.go.kr)에서 이용하실 수 있습니다.
(CIP제어번호 : CIP2019046105)

제가 말을 잘 ～～～～～～ 못해요, 소심해서요

자오민 지음 | **하은지** 옮김

소심한 나를 지켜주는 대화의 작은 기술들

소심하고 내성적인 사람도
묵묵히 빛을 발할 수 있다

자오민과는 꽤 오랫동안 알고 지낸 사이다. 그는 사람들과 함께 있어도 종종 자기만의 세계에 빠지곤 한다. 그런지 아주 오래되었다.

자오민은 소심하고 내성적인 사람이긴 해도 '말'이라는 영역을 집중적으로 연구했다. 그는 철저한 노력형 인물이다. 책 읽기를 좋아하는 그는 심리학, 철학, 문학 책을 늘 곁에 두고 산다. 그는 자기와 비슷한 사람들, 조용하고 소심하고 내성적인 사람을 도와주고 싶다고 했다.

2017년 여름, 첫 번째 도서 발표회가 있던 날 그가 무대로 올라갔다. 당시 부끄러움에 떨던 그의 모습이 잊히지 않는다. 하지만 그로부터 채 두 달도 되지 않아 거의 똑같은 장소에서 행사가 열렸고, 그날 그의 퍼포먼스와 연설은 다른 강연자를 완전히 '보내버렸다'.

그날 식사 자리에서 소통 능력이 정말 빠르게 발전하고 있다고 칭찬하자 그는 얼굴이 빨개져서 고개를 저으며 말했다.

"그러지 마. 나는 말을 잘 못해. 소심해서 말이지."

사람들은 그가 농담을 한다고 생각했다. 하지만 그를 잘 아는 사람들은 그의 말이 진짜라는 걸 알았다.

이 세상은 정말 재밌다. 소심하고 내성적인 사람이 그렇게나 많은데 세상은 외향적인 사람들에 의해 움직인다. 대도시의 삶은 너무 빠르게 돌아가고, 사람들은 조용히 앉아서 소심하고 내성적인 사람들의 말을 참을성 있게 들어줄 시간이 없다.

그런 면에서 외향적인 사람들은 선천적인 우세를 지닌 것처럼 보인다. 모임에서 늘 사람들의 주목을 받는다. 사실 누구나 스스로 빛을 발산하며 사람들의 이목을 끌 수 있다. 하지만 모든 사람이 노력 없이 그렇게 할 수 있는 건 아니다. 다행히도 저자는 새로운 길을 제시해주었고, 덕분에 우리는 말 잘하는 내성적인 사람으로 변화했다.

그렇다.

내성적이거나 소심한 사람도 말을 잘할 수 있다. 다만 부단한 노력을 통해 그렇게 된 것이다. 이 책을 읽으며 나는 감탄을 금치 못했다. 그는 뼛속부터 소심하고 내성적인 사람이다. 다행인건 그가 엄청난 노력형 인간이라는 점이다. 그러니 그의 방법을 잘 적용해보자.

이 책은 소통에 관한 책 같지만 사실은 인생에 관한 책이다. 소심한 사람들을 위한 책 같지만 여럿이 모인 자리에서 자신 있게 '명언' 한 마디 말하지 못하는 모든 사람을 위한 책이다.

언어 앞에서 우리는 영원한 어린아이다. 그런데 저자는 노력을 통해 어른이 되었다. 다행인 건 그가 성장하는 방법을 우리와 공유했다는 점이다. 그래서 나는 이 책을 강력히 추천한다.

작가이자 감독, 카오충(考蟲)의 공동 창시자 리샹룽(李尙龍)

사실은 사랑과 관심이 전부다

살면서 후회하는 세 가지가 있다.

음악을 하지 않은 것, 베이징에 집 한 채 사놓지 않은 것, 외향적이지 못한 성격.

첫 번째는 늘 삶에 뭔가 하나 부족하다는 생각이 들어서고, 두 번째는 앞으로 열심히, 성실하게 일해서 돈을 버는 수밖에 없다. 부동산 프리미엄으로 돈 버는 시대는 끝난 듯하다.

앞의 두 가지는 그렇다 치고, 내 인생에서 가장 피해가 큰 건 바로 세 번째다. 나는 소심하고 내성적인 사람으로 태어났다. 사람이 많은 곳에 가면 부끄러워 어찌해야 할 줄을 모르며 매우 수동적이 된다. 지난 30년 동안 '말'로 덕을 본 일은 거의 없다. 나는 침묵을 더 반겼고 상대 이야기를 듣는 게 마음 편했다. 마음은 굴뚝같았지만 나를 드러낼 기회를 번번이 놓쳤다. 꽤 오랫동안 나는 직장에서도, 우정과 사랑이라는 인간관계에서도 거의 존재감이 없었다. 내성적인 성격은 곧 실패나 다름없는 인생이라 여기며 살았다.

소심하고 내성적인 사람은 심리적 갈등을 자주 겪는다. 사람들과 어울리는 게 어색하고 불편하며 사람이 많은 곳은 되도록 피하고 싶다. 하지만 한편으론 그런 성격 때문에 답답함을 느낀다. 자기만의 세계에 빠져 있고 싶지만 그렇다고 '아웃사이더'로 분류되고 싶진 않다.

그런 건 다 그냥 넘길 수 있다. 제일 짜증나는 건 인생의 많은 기회를 사람을 잘 사귀고 말 잘하는 사람들에게 자꾸만 빼앗긴다는 사실이다. 그래서 점점 자기를 원망하고 세상을 불평하기 시작하며, 그게 오래되면 자기는 좋은 기회와는 아예 인연이 없다고 생각해버린다. 그렇게 자기만의 카리스마와 매력을 잃어간다.

가만히 두고보기만 할 텐가?

강연하는 법을 배우려고, 담력을 키우려고 여러 커리큘럼을 찾아다니는 사람들을 많이 보았다. 그런데 담력은 키웠지만 일상의 대인관계는 변화무쌍하고 복잡해서 여전히 잘 대응하지 못한다. 스스로 정말 변하고 싶어서 억지로 긍정적이고 적극적인 모습을 보이며 '마음에도 없는 말'을 하는 내성적인 사람들도 보았다. 그렇지만 효과는 그리 좋지 못했다. 유머러스해 보이고 싶은데 무슨 말을 어떻게 해야 할지 몰라서 고민하는 사람도 있었다.

소통에 관한 강연을 하면서 나는 매주 온·오프라인을 통해 학생들이 가진 각종 문제와 고민을 듣게 되었다. IT 업계에 종사한다던 한 여학생의 이야기는 퍽 인상적이었다.

그녀가 나를 찾아온 건 2016년 봄이었다. 그날 그녀의 낯빛은 많이 어두웠다. 알고 보니 회사에서 해고당한 지 얼마 안 됐다고 했다. 하지만 그녀는 자신이 매우 우수한 MD라고 설명했다. 사실 여부는 알 수 없었지만, 그녀가 자존감이 낮고 자기비하가 심한 소심한 사람이라는 건 확실히 알 수 있었다. 그녀는 회사에서 잡담도 나누지 않고 그림자처럼 지냈다고 했다. 수다를 어떻게 떠는지도 모르는 것 같았다. 상사와 동료는 그녀를 매우 낯설어했다. 그녀는 무척 억울해했다. "회사는 일하러 가는 곳이잖아요. 업무 이외의 이야기가 필요한가요?", "저는 그 사람들 잡담을 듣고 싶지 않아요. 시간 낭비인걸요.", "게다가 먼저 저를 찾아와 말을 거는 사람도 없다고요." 그러던 중 어떤 프로젝트에 참여했다가 착오가 생겼고, 가장 먼저 책임을 지고 회사를 떠나야 하는 사람으로 모두가 그녀를 지목했다. 아마 내가 상사라도 그랬을 것이다.

그로부터 2년이 지난 지금, 나를 찾아오는 학생 중 소심하고 내성적인 사람이 점점 더 많아지고 있음에 놀라움을 느낀다. 전체 학생 중 80%는 차지하는 듯하다. 교실에서도 구석 자리를 좋아하며 무리 속에 섞이지 못한다. 친구들과의 모임에서도 항상 자리를 채우는 역할만 하고 재미없는 사람으로 비춰지곤 한다. 연인에게도 늘 재미없다, 말을 잘 못한다는 핀잔을 들으며 공감 능력이 떨어진다고 비난받기 일쑤다. 하지만 그들은 걱정만 할뿐 구체적인 개선 방법을 모른다. 용기도 부족하다. 그래서 일상이나 직장에서 늘 수동적이다.

나는 내 자신에게 반복해서 물었다. 사람 성격이 바뀔 수 있을까? 말하는 걸 싫어하는 사람을 어떻게 하면 대화의 고수로 만들 수 있을까?

뿌리 깊은 내성적인 성격의 소유자인 내가, 지난 7년 동안 기자 일을 하면서 한 가지 알아낸 사실이 있다. 상대를 잘 모르고 대화 내내 조용히 있더라도, 상대에게 편안한 대화 분위기를 제공하면 짧은 시간에도 신뢰를 얻을 수 있다는 사실이다. 다시 말해 '작은 기술'로 의미 있는 뉴스를 포착할 수 있고, 심지어 생각지도 못했던 사람의 마음까지 얻을 수 있다.

그때부터 나는 내성적이거나 소심한 사람들이 내게 주는 '피드백'을 집중적으로 연구하기 시작했다. 그들의 강점은 예민한 관찰력과 세심함, 성실함과 진실함, 따뜻함이었다.

이런 발견들은 나를 흥분시켰다. 곧 이런 생각이 들기 시작했다. '만일 내성적이거나 소심한 사람들의 장점을 한데 모아 정리한 후 검증을 통해 이론을 분석하고 효과적인 말하기 결론을 도출해낸다면 소심한 그들에게 도움을 줄 수 있지 않을까?'

그런 흥분과 설렘으로 300일 동안 이 책을 썼다. 이 책에는 30여 개의 실화가 실려 있다.(전부 가명과 이니셜로 표기했다.) 모두 내성적이거나 소심한 사람들의 이야기다.

나는 '일상생활+인지의 변화+대응 방안'과 같은 구조로 일상에서 일어나는 소통의 문제들을 어떻게 직면해야 하는지를 소개하고, 상황마다 나와 다른 '고수'들이 사용한 대응 방법을 함께 제시했다. 독자들이 그 대응 방법을 읽으면서 더 좋은 방법을 생각해내 훨씬 지혜롭게 삶을 일궈나갔으면 한다. 그것이 나의 가장 큰 바람이다.

다행히 이 책을 본 소심한 친구들이 따뜻한 말로 내게 용기를 주고 있다.

"이제 소심한 성격 때문에 더는 힘들어하지 않아도 되겠어요. 묵묵히 힘을 발휘하는 모습을 사람들에게 보여줄 거예요."

"정말 변화가 있어요. 친구들 모임에서 점점 더 환영받고 있어요."

"이제는 화가 나면 마음에 담아두지 않아요. 어떻게 표현해야 하는지 알게 되었어요."

"여자 친구 칭찬이 점점 늘고 있어요. 예전에는 늘 바보같이 말해서 자기를 화나게 했대요."

그렇다. 이제 더는 외향적이고 활발한 사람을 부러워할 필요 없다. 우리의 강점과 능력도 그들과 똑같이 뛰어나다. 다만 오랜 시간 묻혀 있었기 때문에 사람들이 알 방법이 없었던 것뿐이다. 역사적으로 위대했던 과학자나 철학자, 비즈니스맨들도 내성적이거나 심지어 편집증을 앓고 있었다. 그들은 자신의 전문 지식과 출중한 예술적 재능, 예민한 직감과 집중력으로 각 영역을 이끄는 리더가 되었다. 이 책은 사람들에게 전문적 기능을 알려줄 뿐만 아니라 대인관계에 따르는 여러 문제를 해결할 방법도 함께 소개하고 있다. 정확히 말하자면 사람의 마음을 사로잡는 기술이다. 이는 쌍방 간의 관계는 물론 이성 친구를 사귈 때도 적용할 수 있다. 아울러 비즈니스에도 적용이 가능해 짧은 시간 안에 고객의 신뢰를 얻어 성공으로 이어갈 수 있다.

소통의 최종 목적은 무엇일까? 새로운 정보를 알아내는 것? 상대방의 이해를 얻어내는 것? 어떤 일에 대한 자기의 생각을 주장하는 것? 결국 소통은 사랑과 관심을 드러내는 것이다 이것은 쌍방의 관계에만 머물지 않는다. 가족과 친구, 동료 혹은 업무 파트너 등 그 어떤 관계도 서로에 대한 관심과 사랑 없이는 성립될 수 없다. 교제라는 것이 그렇다. 상대를 향한 자신의 진실한 사랑과 관심을 드러내기만 하면 아름다운 관계를 만들 수 있다. 그때 성격은 그다지 중요하지 않다.

이 책을 통해 사랑과 관심을 많이 드러내려고 노력했다. 책을 다 읽고 나면 사람의 마음을 읽는다는 게 그리 어려운 일은 아니었음을, 누군가의 마음속으로 들어가는 게 사실은 내성적인 사람들의 강점이었음을 알게 될 것이다. 소통의 고수가 되기 위해 꼭 성격을 바꿔야 하는 건 아니다. 대화 전략만 바꿔도 충분히 가능하다.

이제 마음속에 쌓인 불만과 근심을 내려놓고 홀가분한 마음으로 자신의 장점을 마음껏 발휘하도록 도와줄 여정을 떠나보자!

베이징에서 자오민

차례

제1장   이건 모두 소심한 사람들의 이야기입니다

제2장   다음에 얘기하면 안 될까요?

제1장

이건 모두
소심한 사람들의
이야기입니다

당신에게 도움을 받은 사람보다

당신을 도운 적 있는 사람이 다시 당신을 돕는다.

-벤자민 프랭클린

생강으로 대인공포증 물리치기

저는 직장 상사나 어색한 관계에 있는 사람을 만나면 가던 길을 돌아가고 싶어요. 말하기 싫고 또 무슨 말을 해야 할지 모르겠어요. 특히 말이 끝날 줄 모르는 사람들을 만나면 정말 눈을 어디에 두어야 할지 모르겠어요. 늘 마음속으로 제발 이런 사람들을 만나지 않게 해달라고 기도해요. 사실 평소에는 그렇게 소심한 편은 아니에요. 주변 사람들하고도 잘 어울리는 편이고요. 그런데 예전 친구들과는 그렇게 못 지내요. 대인공포증인 것 같아요. 도와주세요.

수지

생강을 싫어한다고 해서 음식을 싫어하는 건 아닙니다. 사람도 똑같아요. 몇몇 사람과 잘 지내지 못한다고 자신에게 '대인공포증'

이라는 꼬리표를 달 필요는 없습니다.

살다 보면 분명 어울리기 힘든 사람들이 있습니다. 이런 사람들을 '생강'이라고 해보죠. 그들은 직장 상사일 수도 있고 당신을 불편하게 만드는 친구일 수도 있고 나에 관한 나쁜 소문을 듣고 온 어색한 사람일 수도 있습니다. 그런데 '생강'이 음식에 향을 더하고 맛을 내는 것처럼 당신은 그런 사람들을 통해 평소에 몰랐던 자신의 예민함과 소심함, 인지의 편차 등을 발견할 수 있죠.

누군가와 꼭 아는 척을 해야 하지만 어떤 말을 해야 할지 모를 때 저는 그냥 자연스럽게 미소를 짓습니다. 상대와 눈 마주치는 걸 두려워하지 말고 그 사람을 바라보면서 미소를 유지한 채 가볍게 묵례를 해보세요. 이로써 '당신을 봐서 기쁘다. 하지만 지금은 대화하기 어렵다'는 신호를 보낼 수 있습니다. 이건 만국 공통어라서 누구에게나 적용할 수 있습니다.

대화에는 언어와 더불어 자세나 표정, 동작 등 비언어적인 것도 포함됩니다. 비언어적 대화는 종종 '생각보다 더 많은' 작용을 해서 전달하고자 하는 자기의 감정이 말보다 더 정확하게 표현될 때도 있죠.

효과가 궁금하다면 지금 당장 시도해보세요.

또 하나, 대화 상대가 불편하다고 느껴진다면 자신의 인지와 현실 사이에 편차가 발생했다는 뜻입니다. 인지와 감정 사이에는 일종의 상관관계가 있어요. 즉, 당신이 누군가를 대하는 태도와 생각이 바로 그 사람에 대한 감정을 지배하죠. 상대가 말이 너무 많고, 항상 누군가를 붙잡고 얘기하길 좋아하며, 다른 사람의 시간을 방해한다고 생각하는 건 당신이 그 사람을 그렇게 인지하기 때문이에요. 이런 인지로 인해 그 사람에 대한 '거부감', '회피하고픈 마음', '미움' 등의 감정이 생기고요. 인지를 바꾸면 어떤 변화가 생길까요? 바로 이렇게 변해요.

"그녀는 항상 저를 붙잡고 길게 얘기해요. 아마 저를 매우 신뢰하거나 제가 자기 얘기를 잘 들어주는 괜찮은 사람이라고 생각하는 것 같아요. 누군가에게 신뢰를 받는다는 건 어쨌든 좋은 일이죠. 그녀가 저를 인정하고 신뢰하는 건 우리 둘 사이에 뭔가 닮은 점이 있다는 얘기인 것 같아요. 그렇게 생각하고 나니 그녀가 더는 밉지 않더라고요. 저도 마음이 답답하고 울적한 일이 생기면 누군가에게 털어놓고 싶을 때가 있고 누구라도 내 얘길 들어줬으면 싶을 때가 있거든요. 다른 사람도 마찬가지겠죠?"

문제를 바라보는 시각을 바꾸면 신기하게도 그동안 생각했던 그 사람의 이미지에 변화가 생깁니다. 이게 바로 제가 말하는 인지의 변화입니다. 인지에 변화가 생기면 당신의 감정 역시 자연스럽게 좋아질 거예요. 어쩌면 그녀가 먼저 당신을 찾아와 말을 걸어주길 바라는 마음이 생길지도 몰라요.

아직도 자신에게 '대인공포증'이 있다고 생각하시나요? 만일 그렇다면 '생강'을 한번 먹어보세요. 맛은 없지만 몸에는 좋잖아요.

자오민

사람들은 당신이 생각하는 것만큼
당신에게 관심을 두지 않는다

저는 IT 기업에 근무하는 디자이너입니다. 주로 컴퓨터 작업을 하기 때문에 사람을 상대하는 일은 거의 없습니다. 초등학교 시절, 질문에 대답하지 못했다는 이유로 선생님께 매를 맞고 크게 혼난 적이 있습니다. 성인이 된 후에도 사람들 앞에서 말하는 게 너무 긴장됩니다. 회의에서 의견을 낼 때도 얼굴이 발갛게 달아오릅니다. 프레젠테이션은 말할 것도 없고요. 어떻게 하면 좋을까요?

안나

어떤 형태이든 체벌은 옳지 않은 일이지만, 성인이 되어 회의 발표 때 긴장하는 걸 초등학교 선생님 탓으로만 돌릴 수는 없습니다. 왜냐고요? 솔직히 얘기할게요. 긴장의 원인은 하나입니다. 당신의 마음이 너무 연약하기 때문이죠.

이렇게 말하면 분명 받아들이기 힘드실 거예요. 그럼 바꿔서 얘기해볼게요. 일반적으로 사람들은 세 종류의 상황에서 긴장합니다. 낯설거나, 준비가 부족하거나, 자기애가 지나칠 때죠.

첫 번째, 낯선 환경에 맞닥뜨리면 인간은 두려움을 느끼는데 이것은 인간의 본능입니다.

홈페이지 디자이너들의 생활에 관해 익히 들어 알고 있습니다. 정말 힘들게 일하신다는 것도 알아요. 대부분의 시간을 모니터 앞에서 보내고 사람을 사귀거나 만날 시간이 턱없이 부족하죠. 업무 환경 또한 매우 단조롭습니다. 앞에 나가 연설을 하거나 발표할 일이 거의 없죠. 그건 빔 프로젝터 앞이 당신에겐 매우 낯선 환경임을 의미합니다. 회사 안에서도 사람들 앞에서 이야기할 기회가 적고 밖에서는 더 말할 것도 없죠.

업무 환경이 단조로울 때 나타나는 직접적인 부작용은 불편함을 느끼는 장소가 점차 확대된다는 겁니다. 심지어 자기 자리에서 일어나 말하는 것조차 불편해서 힘들 수 있어요. 일단 불편해지면 긴장감은 더 심해지죠.

두 번째, 준비가 부족할 때 긴장하는 건 좀 이해하기 쉬울 거예요. 한번은 회사 내부 교육을 받는데, 교육 시간이 절반 정도 지났을 때

강사가 갑자기 직원들에게 돌아가며 자기소개를 시키는 겁니다. 주어진 시간은 3분이었어요. 갑자기 진행된 자기소개 때문에 저는 멘붕에 빠졌죠. 왜냐하면 제가 첫 번째 순서였거든요. 그날 뭐라고 얘기했는지는 생각나지 않아요. 하지만 정말 긴장했고, 두서없이 버벅거리며 말한 것만 생각나요. 3분이 마치 3시간처럼 느껴졌어요.

물론 이런 상황이 자주 발생하지는 않지만 그때의 저는 자신감이 부족하고 카리스마 없는 사람으로 비춰졌겠죠.

세 번째는 자기애가 넘칠 때예요.

다른 말로 자기를 지나치게 의식하는 거예요. 남들 눈에 자기가 어떻게 보일지, 다른 사람이 자신을 어떻게 평가할지 지나치게 신경 쓰는 거죠. 특히 앞에 나가서 말을 하기라도 하면 모든 사람이 다 자기만 본다고 생각해요. 그런 불편함과 과도한 자기 근심이 긴장의 이유가 되는 거예요.

그럼 이 세 가지는 어디서 비롯되는 걸까요? 바로 연약한 내면이에요. 그렇다면 이걸 어떻게 바꿔야 할까요? 두 가지 방법을 추천해 드리고 싶어요. 충분히 준비하고, 끊임없이 연습하세요.

사전에 장소와 환경을 좀 익혀두세요. 발표 장소가 매일 출근하는 직장 내 회의실일지라도 다시 들어가 보세요. 그곳에서 말하려는 내용을 연습해보는 거예요. 상사와 동료들이 모두 당신을 보고 있다는 생각을 하면서요. 앞으로 나가서 똑바로 선 다음 프로젝터 위치와 자신이 서 있는 위치를 점검해보세요. 사람들이 당신이 말하기만을 기다리고 있다고 상상해보세요. 이어서 당신이 준비한 내용을 편안한 자세와 적절한 음량을 유지하면서 자료를 한 장 한 장 넘겨가며 얘기해보세요.

서 있는 자세는 어떻게 할지, 양손은 어디에 놓을지, 손에는 레이저 포인터를 들고 있을지, 시선은 어디에 고정할지, 미소를 지을지 엄숙한 표정을 지을지, 처음부터 끝까지 한자리에만 서 있을지 아니면 자유롭게 돌아다닐지, 옷은 뭘 입을지, 신발은 뭘 신을지, 발표 전에는 물을 얼마나 마실지……. 모든 문제를 세세하게 생각하는 게 좋아요. 왜냐하면 당신이 미처 생각하지 못했던 작은 문제가 갑자기 튀어나오면 당황할 수 있거든요.

"리허설을 하라는 말씀이세요?"라고 물을 수 있어요. 맞아요. 충분한 리허설을 한 번만 해도 실전에서 긴장감을 80% 줄일 수 있어요. 리허설의 핵심은 상상이에요. 미리 그림을 그려보는 거죠. 그리고 당신을 그 상상 속으로 집어넣어 최대한 현실과 비슷한 환경에서 연습하는 거예요.

두 번째, 연설이나 발표, 보고나 발화, 팀 회의에서 유창하게 말하려면 내용을 숙지하고 있어야 해요. 스크립트가 있으면 가장 좋아요. 스크립트를 외울 시간까지 있으면 더할 나위 없겠죠. 연습 방법은 두 가지예요. 평소 신문을 소리 내서 읽어보세요. 막힘없이 술술 잘 읽힐 때까지요. 목소리는 크게 하는 게 좋아요. 만약 옆에서 누가 들어준다면 더 좋고요.

그리고 독서회나 토론회 등에 적극적으로 참여해보세요. 작은 모임을 통해 사람들 앞에서 긴장하지 않고 자기 생각을 정확하게 말하는 연습을 하는 거죠. 다른 사람이 말하는 것을 보고 배울 수도 있어요. 연습은 성공의 어머니예요. 전혀 새로울 게 없는 말이라고요? 그건 진짜 끝까지 연습을 해보지 않아서예요. 끈질기게 연습하지 않으면 성과를 얻을 수 없어요.

하버드대 긍정심리학 교수인 탈 벤 샤하르Tal Ben-Shahar는 매번 강의 때마다 이렇게 되뇐다고 합니다. "내가 사람들 앞에 나와서 이야기하는 건 그들을 돕기 위해서다. 나는 그저 나누는 사람일 뿐이다. 내가 얼마나 우수한지, 내 생각이 얼마나 정확한지 뽐내려고 나오는 게 아니다."

충분한 준비와 연습 말고도 심리적인 시각의 전환도 매우 중요합니다. 지나친 자기애를 극복하는 데 도움이 많이 돼요. 심리적 시각의 전환이란 다음과 같은 사실을 인정하고 받아들이는 걸 말해요.

'이 자리에서 나는 작은 일부에 불과하다. 사람들은 내가 생각하는 만큼 나에게 관심이 있지는 않다. 사람들의 관심사는 내가 아닌 내가 말하는 내용이다. 물론 그게 유용하고 재미있는 내용일수록 좋다.'

　사실 자신이 그렇게 중요한 사람이 아니라는 걸 인정하면 당신은 지금보다 훨씬 강해질 거예요.

　　　　　　　　　　　　　　　　　　　　　　　　　　자오민

화제가 부족하다고요?
관심이 부족하겠죠!

저는 영국 케임브리지에 사는 아이 엄마입니다. 중국 고객 대상으로 사업체를 운영하고 있어요. 대화에 큰 문제는 없습니다. 상대의 뜻을 이해하고 또 제 의사를 확실히 표현할 줄 알죠. 말하는 사람의 안색과 표정을 보고 의중이 무엇인지 알아내는 센스도 있어요. 그런데 문제가 하나 있습니다. 사람을 칭찬할 줄 모르고 비위도 잘 못 맞추고 농담을 못 해요. 저는 매우 이성적인 사람입니다. 사람들과 쓸데없는 농담을 주고받고 싶지 않네요. 깊이 탐구하고 진지한 대화 나누길 좋아하죠. 그래서 대부분 말을 아껴요. 그러다 보니 무리에 잘 섞이지 못하는 느낌입니다. 하지만 사람들이 저를 가까이하기 어려운, 콧대 높은 사람이라고 생각하는 건 또 싫거든요. 저를 바꿀 방법이 있을까요?

미세스 장

제가 잘 아는 시 구절이 있습니다. "조용히 떠나네, 조용히 온 것처럼. 옷소매 흔들며 가네, 구름 한 점 묻히지 않고." 부인의 사연을 읽으며 사교 모임에 나가 '조용히 왔다가, 조용히 떠나는' 부인의 모습을 상상해보았습니다. 혹시 사람들과 어울리고는 싶지만 어떻게 대화를 시작해야 할지 몰라 잔뜩 먹구름이 낀 얼굴로 돌아오진 않으시나요?

시인의 언어는 아름답고 함축적이며 운율적이지만 속세에서 아등바등 살아가는 우리들은 더 탄력적이고 융통성 있는 언어 체계를 사용해야 합니다. 자기를 자랑해야 할 때는 당당하고 자랑스럽게, 분위기를 띄워야 할 때는 활기차게, 상대의 마음을 헤아려야 할 때는 조용한 경청으로, 감정을 절제해야 할 때는 침착하게 말이죠.

"저더러 지금 박쥐 같은 사람이 되라고요? 입만 번지르르 살아서 상황에 따라 다르게 말하라는 건가요?"라고 물으실 수 있습니다.

당연히 아니에요. 사교 장소에서 친구를 못 사귀 고민이라면 부인의 질문은 "저처럼 말 잘하는 사람이 왜 진심이 통하는 친구를 못 사귈까요?"여야 합니다. 하지만 부인의 고민은 그게 아니잖아요.

제가 말한 언어 체계라는 건 사람이 지녀야 할 세 가지 언어 능력을 가리킵니다. 오늘은 제가 이름 붙인 '3종 언어 능력' 이론을 소개해야겠네요.

다년간의 인터뷰와 세심한 관찰과 연구 끝에 저는 '3종 언어 능력'이 뛰어난 사람일수록 일도 일상생활도 잘 영위한다는 사실을 알게 되었습니다. 그것은 바로 전문적 표현력, 친화적 표현력, 감정적 통제력입니다.

전문적 표현력이란 사회생활에 필요한 기본 요소로 직업적인 부분에서 전문성을 갖춰 이를 언어로 표현하는 것을 의미합니다.

예를 하나 들어볼게요. 제가 투자자 신분으로 영국에 갔습니다. 케임브리지 근처 부동산에 투자하고 싶어서요. 그러면 전문적인 투자 고문이나 중개 업체에 의견을 물어야겠죠. 이때 제 요구사항은 이러합니다. 우선 제 말을 알아들어야 하고요, 제 질문과 어려움에 답해줄 수 있어야 합니다. 또 전문적이고 믿을 만한 정보로 리스크를 피하게 해줘야 합니다. 이 조건을 만족시키기 위해 저의 부동산 투자 고문은 다음과 같은 '전문적 표현력'을 정확히 갖추고 있어야 합니다.

첫째, 말로 고객의 신뢰를 사야 합니다. 그러려면 현지 부동산 정보를 정확하게 알고 있어야 하겠죠. 둘째, 대화로 고객의 눈을 밝혀 줘야 합니다. 현지의 법률 조항과 매매 프로세스를 꿰뚫고 있어야 해요. 셋째, 말로 고객을 안심시켜야 합니다. 고객이 리스크를 피할 수 있게 도와주고 자금을 안전히 확보해줘야 합니다.

케임브리지에서 사업을 하는 중국인이 부인 한 분만은 아닐 거예요. 전문적 표현력을 갖춘 부동산 중개업자도 많을 거고요. 비즈니스 경쟁에서 살아남으려면 전문적 표현력만 가지고는 어렵습니다.

혹시 조 지라드Joe Girard를 아시나요? 미국 역사상 가장 유능했던 판매왕입니다. 1963년부터 1978년까지 총 1만 3천 대의 쉐보레 자동차를 판매하면서 12년 연속 기네스북에 오른 사람입니다. 12년간 평균적으로 매일 6대의 자동차를 판매한 셈인데 지금까지 이 기록을 뛰어넘은 사람이 없습니다.

이토록 유능한 사람은 뭔가 엄청난 입담을 가지고 있을 거라고 생각하시겠죠? 그는 수년간 발화 속도를 낮추기 위한 연습을 했습니다. 그리고 누구보다 고객의 피드백을 주의 깊게 경청했죠. 그리고 그는 "무슨 물건을 팔든 가장 효과적인 방법은 고객이 믿게 하는 것이며 그를 좋아하고 관심을 가지는 것이다"라는 말을 입에 달고 살았습니다.

상대에게 진짜 관심을 가지고 그를 좋아하고 있다는 느낌을 주는 게 바로 제가 말하는 두 번째 능력, 친화적 표현력입니다.

혹시 부인은 먼저 나서서 고객의 요구와 걱정을 물어보는 편인가요? 그들이 차마 발견하지 못했던 문제를 먼저 나서서 해결해주는 편인가요? 고객을 진짜 친구로 여기고 그들의 먹고사는 문제에도 필요한 도움을 주시나요?

비위를 잘 못 맞추고 농담도 잘 못 하는 성격이라고 하셨는데, 비위 맞추기와 유머는 그저 겉으로 보이는 모습일 뿐입니다. 고객은 절대로 당신이 유머가 없다고 서비스를 거절하지 않아요. 고객이 진정으로 관심을 가지는 건 당신이 자기 일을 마음에 담고 진심으로 도와주려고 하는가입니다. 당신의 친화력을 고객에게 표현해보세요. 분명히 생각지 못한 수확이 있을 거예요.

세 번째 능력인 감정적 통제력은 충돌과 갈등을 해결하는 과정에서 특히 필요해요. 감정 절제를 잘하는 사람이야말로 일터에서 진정한 승자가 될 수 있죠.

모든 과학과 예술의 성과는 인간에 대한 순수한 호기심과 탐구에서 비롯돼요. 말도 마찬가지예요. 사람을 향한 순수한 호기심과 관심이 모든 화제의 근원입니다.

또 한 번 낯선 장소에 가서 어떻게 해야 할지 모르겠으면 이렇게 한번 생각해보시겠어요?

'내가 저 사람을 위해 뭘 해줄 수 있을까?'

그 생각을 행동으로 옮기는 순간 대화는 자연스럽게 이어지고 화제도 생겨날 거예요.

자오민

제발 사람들이 당신을 돕게
놔두세요

저는 주얼리 숍에서 일하고 있는데 동료와 관계가 별로 좋지 않아요. 점장님도 저를 별로 좋아하지 않고요. 점장님은 고객이 들어왔을 때 웬만하면 제 동료를 불러서 고객을 응대하게 해요. 판매 스킬이 아주 뛰어난 건 아니지만 저도 기본적인 건 다 할 수 있거든요? 점장님이 일부러 저를 따돌린다는 생각이 들어요. 어떻게 하면 좋을까요?

땀방울

18세기 미국의 국부라는 벤자민 프랭클린Benjamin Franklin이 이런 말을 했어요. "당신에게 도움을 받은 사람보다 당신을 도운 적 있는 사람이 다시 당신을 돕는다." 이 말은 그의 특별한 경험에서 우러나왔대요.

1736년 어느 날, 그가 펜실베이니아 의회에서 발화를 했는데 한 의원이 그의 의견을 심하게 반대했어요. 며칠 뒤 또 연설을 했는데 전보다 더 심하게 비난을 쏟아냈고요. 그는 난감했습니다. 그 의원의 동의가 꼭 필요했거든요. 그러던 중 그 의원 집에 자신에게 필요한 굉장히 귀한 도서가 있다는 소식을 듣게 됐어요. 그래서 매우 공손하게 편지를 써서 그 책을 빌려줄 수 있느냐고 물었죠. 그런데 생각지도 못하게 그 의원이 흔쾌히 승낙하는 게 아니겠어요? 일주일 후 책을 돌려주면서 그는 정중하게 감사의 인사를 담은 편지를 건넸어요. 그리고 며칠 뒤 열린 의회 청문회에서 둘이 다시 만났어요. 나중에 프랭클린은 이렇게 말했죠.

"그가 먼저 내게 인사를 걸었어요. 전에는 한 번도 그런 적이 없었죠. 그러더니 무슨 일이 생기면 언제든 적극적으로 도와주겠다고 하더군요."

적대적이던 둘은 사이좋은 벗이 되어 죽을 때까지 우정을 이어갔다고 해요.

이게 바로 그 유명한 '프랭클린 효과'예요. 나중에 심리학자들은 이런 결론을 내렸어요. 사람들이 당신을 좋아하게 만드는 최고의 방법은 그들을 돕는 게 아니라 그들이 당신을 돕게 하는 것이다.

땀방울님에게도 똑같이 적용할 수 있어요. 지금 그 동료와 점장이 당신을 별로 좋아하지 않는다고 느낀다고 했죠? 여기에는 분명 매우 복잡한 이유가 있을 거예요. 누구의 잘못인지 쉽게 단정할 순 없어요. 먼저 생각을 바꿔보세요. 예를 들면 동료에게 말해서 점장이 당신에게 판매 스킬 같은 걸 가르쳐주도록 부탁하는 거예요. 여기서 가장 중요한 건, 그 사람이 당신에게 어떤 도움을 주게 하는가예요.

만일 동료에게 택배를 대신 받아달라거나 점심을 사다달라거나 당신 대신 2~3일 더 출근해달라는 등의 부탁을 하면 분명 미움을 살 거예요. 당신의 책임을 동료에게 전가하는 것처럼 보이잖아요.

반드시 상대가 자기의 가치를 드러낼 수 있는 부분에서 도움을 요청해야 해요. 그러면서도 그 사람이 자기가 뭔가를 희생했다고 여기지 않게 하는 거죠. 취미부터 공략해보세요. 예를 들어 동료가 화장을 좋아하면 예쁜 메이크업을 부탁해보고, 패션에 관심이 많다면 코디법에 관해 조언을 받는 거예요. 주얼리에 관심이 있다면 보석과 관련된 정보와 지식을 알려달라고 부탁해보세요. 방법은 많아요.

마지막에 절대로 잊지 말아야 할 게 있어요. 상대가 도움을 주었다면 반드시 정중한 감사의 인사를 전해야 해요. 작은 선물을 건네도 괜찮고 밥을 한 끼 산다거나 같이 영화를 보는 거예요. 점장에게도 똑같이 해보세요.

이 세상에는 이유 없는 원한도, 이유 없는 사랑도 없죠. 지금 관계가 서먹하다면 분명히 예전에 당신이 그들에게, 혹은 그들이 당신에게 뭔가 마음을 불편하게 했거나 기분 나쁜 말을 했을 거예요. 하지만 어쩔 수 없잖아요. 직장에서 늘 일어나는 일인걸요.

중요한 건 당신이 마음을 열고 솔직하게 그들과 얘기해서 잘못은 인정하고 고마움에 대해서는 감사의 인사를 전할 수 있어야 해요. 그들과의 관계가 빨리 개선되었으면 좋겠네요. 시간은 퇴근 이후가 좋아요. "큰일은 평소에 하는 담소 중에 이뤄진다"고 하잖아요. 직장에서 일어나는 절대다수의 일은 직장 밖에서 해결하는 게 좋답니다.

자오민

낯선 환경에 적응하는
세 가지 방법

소심한 사람들이 낯선 환경에 잘 적응하는 법이 있을까요? 저는 남에게 보이는 제 모습에 많이 신경 쓰는 편입니다. 다른 사람의 반응에 감정이 많이 좌우되고 그들이 어떻게 생각할지 걱정하기도 해요. 하지만 변화는 두렵습니다. 누군가와 친구가 되고 싶은 마음은 크지만 막상 만나면 냉정하게 대하고, 심지어 그 사람 눈도 잘 쳐다보지 않아요. 관심 있는 사람 앞에서는 더 소심해져서 말도 제대로 하지 못해요. 그래서 자주 후회합니다. 이런 제 모습을 바꾸고 싶어요.

소심한 스무살

과묵하고 소심한 사람들은 이렇게 생각합니다. '내가 하는 말은 별 쓸모가 없을 거야. 말하면 사람들이 바보 같다고 비웃을지 몰라.

그러니 아예 입을 닫고 있는 게 나아. 다른 사람들이 나보다 아는 것도 더 많잖아. 내가 멍청하고 재미없는 사람이라는 걸 들키고 싶지 않아.'

간힌 생각과 낮은 자존감이 낯선 환경에 적응하지 못하게 하는 원인입니다. 그럼 어떻게 해결하면 좋을까요? 매우 어려우면서도 쉬운 문제입니다. 세 가지 방법을 말씀드릴게요.

첫째, 질문을 가지고 낯선 환경으로 들어가세요. 선의의 질문으로 대화를 시작해보는 거예요. 둘째, 사전에 모든 시나리오를 준비했겠지만 그중에서도 가장 자신 있는 화제를 찾으세요. 기회를 봤다가 입을 여는 거죠. 셋째, 걱정은 치워버리고 두려움은 떨쳐내고 얼굴을 두껍게 하세요. 세 가지를 다 했는데도 다른 사람의 평가와 자기 모습에 너무 신경이 쓰인다면 지금은 제가 아무리 조언을 해도 들리지 않을 때예요.

사연으로 유추해보면 소심한 스무살님은 자신의 삶이나 직장에서 불안함을 많이 느낄 것 같아요. 그게 당신을 위축시키고 심리적으로 갈등을 일으키는 것 같고요. 사실 내면의 갈등은 많은 부분 가정으로부터 비롯됩니다. 하고 싶은 일, 하고 싶은 말을 부모에게 했을 때 늘 거절당했던 경험이 있으면 시간이 지나면서 당신의 가치관에 혼란이 생기죠. 어떤 기준으로 부모님의 요구사항을 만족시켜드려야 할지 갈피를 못 잡는 거예요. 가장 심각한 건 자라면서 점점 마음속 생각을 입 밖으로 내지 못한다는 거죠. 바라기로는 소심한 스무살 님이 조금 더 민감한 눈으로 자신과 다른 사람들의 삶을 조용히 잘 관찰하고 느껴봤으면 좋겠어요. 삶을 충분히 느끼고 돌아보는 능력이 없으면 다른 사람과 어떻게 소통해야 할지 감을 잡지 못해요.

제가 추천하는 방법은 어떤 상황이 발생할 거라고 가정하고 그에 대비해서 미리 연습해보는 거예요. 예를 들어 2주 후에 방송국 아나운서 면접이 있다고 생각해보세요. 그러면 거기에 필요한 낭독과 표현 등에 관한 연습을 쉬지 않고 해야 할 거예요. 제 말은 내재적 동기가 부족하다면 외부 환경의 힘을 빌리는 것도 나쁘지 않다는 거죠. 시합이나 독서회, 취미 동호회 등에 참석하는 것도 좋아요. 거기서 사람들과 교류하면서 대화에 대한 감을 잡을 수 있을 거예요.

저도 그렇게 했어요. 지난 4~5년 동안 제가 얼마나 많은 교육 과정과 행사에 참여했는지 상상도 못 하실 거예요. 저는 스스로 독서 동호회를 만들어 정기적으로 사람들과 만나 독서 토론을 하기도 했어요. 심지어 SNS를 통해 사람들에게 무료 상담도 해주었고요. 이런 식으로 연습할 기회를 끊임없이 만들었어요. 연습은 언제, 어디서든 할 수 있어요. 하고자 하는 마음만 있다면 못 할 일은 없답니다.

자오민

나의 스토리로
반짝반짝 빛나기

저는 예술품 관련 일을 하는 사람입니다. 평소 여행을 매우 좋아해서 세계 각국에서 열리는 대형 경매 행사를 찾아다닙니다. 세계적으로 유명한 예술 작품들을 직접 볼 수 있거든요. 저는 예술 작품들을 훤히 꿰고 있어요. 작품들의 배경과 스토리도 상세히 설명할 수 있죠. 제가 이 일을 계속하고 싶은 중요한 이유 중 하나입니다. 하지만 저는 일과 관련된 인간관계에 큰 스트레스를 받습니다. 정확히 말하면 목적성을 띤 인간관계에 불편함을 느껴요. 다른 사람 눈에는 자연스러워 보일지 모르겠지만 실제로는 말할 때 목소리도 작아지고 표현도 잘 못 합니다. 고칠 수 있는 방법을 알려주세요.

고독한 에이전트

많은 사람이 부러워할 만한 일을 하고 계시네요. 저도 예술 작품을 정말 좋아하거든요. 고독한 에이전트님의 마음을 이해해요. 정말 그럴싸한 직업이지만, 그렇기 때문에 마음이 불편하고 그만두고 싶다는 생각까지 드는 거죠?

사람들은 인생이 동전의 양면과 같다고 말합니다. 즐겁고 행복함 이면에는 그것과 상반되는 억울함과 스트레스가 존재하죠. 그러면서 안락한 삶에서 벗어나 어려움을 향해 도전하는 사람만이 마침내 성공을 이룬다고 말하기도 하더군요.

이런 말은 누구든 할 수 있어요. 그런데 딱히 반박할 이유가 없는 것도 사실입니다. 하지만 고독한 에이전트님, 제 생각을 한번 들어보실래요? 제가 보기에 당신이 지금 느끼는 어려움은 어려움이 아니에요. 당신이 말하는 문제는 딱히 해결할 필요가 없는 일이거든요.

이탈리아에 유명한 희극 배우 카리나라는 사람이 있었습니다. 그의 극을 본 나폴리 사람들은 늘 배꼽이 빠지도록 웃었습니다. 하루는 한 환자가 병원을 찾았습니다. 자신이 심각한 우울증에 걸렸다면서요. 의사는 환자에게 이런 처방을 내렸습니다.

"카리나의 연극을 보고 오세요. 그 연극을 보면 당신의 우울증이 씻은 듯이 나을 거예요."

그러자 환자가 이렇게 말하더랍니다.

"제가 바로 카리나입니다."

문학의 대가로 불리는 헤밍웨이나 가와바타 야스나리는 지독한 운명과의 싸움과 삶에 굴복하지 않는 인간의 모습을 찬양하는 시를 써서 사람들에게 아낌없는 찬사를 받았어요. 그런 그들이 권총과 마약으로 자신의 생을 마감하리라고는 그 누구도 생각하지 못했죠.

"감히 어떻게 그런 유명 인물들과 내 삶을 비교할 수 있죠?"라고 물을 수 있습니다. 하지만 그거 아세요? 노벨상 수상자도, 희극 배우도 모두 평범한 인간에 지나지 않아요. 누구는 쌍둥이자리, 누구는 AB형으로 단순하게 나누지만 실제로 사람은 여러 가지 면모를 지니고 있어요. 사람들이 모인 곳에서 말을 잘하고 돋보이는 사람이라고 해서 마음속에 혼자 있고 싶은 열망이 없는 건 아닙니다. 직업적으로 큰 성과를 거둔 사람이라고 해서 모두가 좋아할 만한 성격을 지닌 것도 아니고요.

겉으로는 활기차고 건강해 보이지만 오히려 더 외로움을 타는 사람도 있어요. 우리가 사람들과 관계를 맺을 때 보여주는 자아는 극히 일부이기 때문입니다.

예술 작품의 바닷속에서 유영할 때 당신은 천진난만한 어린아이 같을 거예요. 세간의 모든 걱정을 다 잊은 채 명화가 가져다주는 시각적 즐거움에 빠져들겠죠. 그렇게 예술 거장들의 심리 세계로 들어가 그들을 공감하고 즐기는 게 당신에겐 삶의 낙이자 행복일 거예요.

하지만 안타깝게도 현실의 알람이 끊임없이 당신 귓가에 울려 퍼져요. 재미없는 회의, 가식적인 술자리로 가야 한다고 말이에요. 차가운 숫자들을 보고해야 하고 마음에도 없는 말을 해야 해요. 상사의 지시에 따라 수정안을 내놓아야 하고, 시차가 맞지 않는 고객들과 이익을 둘러싼 줄다리기도 해야 하죠.

그래서 때로는 자신이 술을 팔고 암거래를 하는 사람과 다를 게 뭐가 있나 하는 생각을 하기도 할 거예요.

당신은 이런 의심이 들겠죠.

'왜 나는 재치 있는 입담으로 상황을 잘 빠져나가지 못할까?'

'왜 나는 사람들과 즐겁고 자유롭게 대화를 이어가지 못할까?'

'안 되겠어. 내 성격에 문제가 있어. 나는 너무 소심해. 변화가 필요해. 화술을 배워야겠어.'

고독한 에이전트님, 당신은 생각이 너무 많아요. 다른 사람이 되려고 노력하지 마세요. 사실 아무리 노력해도 당신은 다른 사람이 될 수 없어요.

만일 변화를 시도하고 싶다면 당신의 그 열정을 끝까지, 남김없이 발산해보세요! 그거 알아요? 당신의 사연 중 "저는 그런 예술 작

품들을 훤히 꿰고 있어요. 작품들의 배경과 스토리도 상세히 설명할
수 있죠"라는 말이 제 마음에 큰 울림을 주었어요. 그중에서도 '스토
리'라는 단어가 제가 말하고 싶은 핵심이에요.

TED 강연의 연사인 브린 브라운Brené Brown 휴스턴 대학 교수는
"스토리는 영혼의 언어"라고 했어요. 여기에 제 생각을 덧붙이자면,
예술 작품을 훤히 꿰고 있는 그 열정과 탐구 정신이 바로 당신의 고
민을 깨뜨려줄 '마법의 봉'이 될 수 있어요. 당신의 인격적 매력도
바로 거기서 시작될 거고요.

이런 장면을 상상해보세요. 당신은 자신감 넘치는 얼굴로 미소를
띠며 화랑으로 들어갑니다. 곧 세계 각국에서 온 구매자들과 대화
를 시작하죠. 반 고흐, 모네, 피카소부터 시작해 데이비드 호크니, 데
미언 허스트에 이르기까지 당신은 막힘이 없어요. 모든 작품에 대해
당신만의 독특한 심미적 견해를 말할 수 있죠.

이게 끝이 아니에요. 거기에 더해 당신의 스토리를 말하는 거예
요. 세계 각지의 대형 박물관을 돌아다니며 겪은 재미있는 일, 소더
비와 크리스티즈 경매장에서 본 경매 상황, 예술품 시장에 대한 당
신만의 생각과 예측 등을 얘기해요. 마지막엔 현실 세계로 돌아와
먹고사는 문제로 고민하는 당신의 소소한 이야기를 곁들이죠.

이렇게 하면 당신은 자신의 모든 매력을 마음껏 발산할 수 있을

거예요. 그러면 아무리 짧은 만남이었다 해도 모두 당신을 오랫동안 알아온 것 같은 인상을 받을 수 있겠죠.

다른 사람의 취미와 특기를 열심히 공부하고 외우는 것보다, 다른 사람의 경험을 교과서 읽듯 서술하는 것보다, 자신만의 경험을 이야기로 만드는 게 훨씬 나아요. 그렇게 다른 사람을 당신의 스토리 안으로 끌어들이는 거예요. 그런 식으로 한 발씩 나아가다 보면 당신의 일과 인생은 어느새 반짝반짝 빛날 거예요.

제 말을 기억하세요. 설득과 아첨, 주입식 정보 전달로는 상대의 진정한 존중과 인정을 받아낼 수 없어요. 하지만 감정이 담긴 스토리라면 얘기가 달라지죠.

아리스토텔레스도 똑같은 말을 했어요. "지식으로는 사람을 감동시킬 수 없지만 감정으로는 사람을 움직일 수 있다."

아, 여행을 좋아한다고 하셨죠. 이 말을 잊을 뻔했네요. 제가 제일 좋아하는 화가는 에드워드 호퍼예요. 혹시 그의 전시회에 다녀올 기회가 생긴다면 저에게 말해주세요. 고독감, 절망감이 담긴 그의 작품을 보면서 당신은 무슨 생각을 했는지 말이에요.

자오민

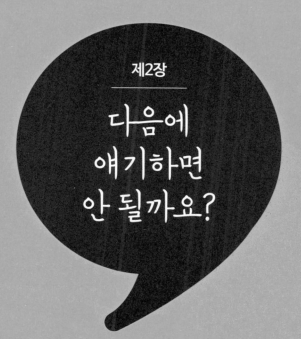

제2장

다음에
얘기하면
안 될까요?

부모님: "네 세뱃돈은 다 저금해놨어."

식당 종업원: "요리는 곧 나옵니다."

상사: "그럼 내가 몇 마디만 간단히 보충하겠네."

친구가 돈을 빌릴 때: "다음 주에 갚을게."

- 살면서 한 번쯤은 들어본 흔한 거짓말

분명히 A라고 말하려고 했는데
어쩌다보니 B를 말해버렸다

"제가 일하는 부서는 상사에게 정기적으로 보고를 해야 하는데 상사와 이야기하는 게 너무 힘이 듭니다. 저는 매번 이야기할 기회를 찾지 못해 보고를 미루곤 했습니다. 결국 상사와 저, 둘 사이에 풀기 힘든 오해들이 생기고 말았어요. 어떻게 하면 좋을까요?"

그는 소심하고 내성적인 사람들의 전형적인 특징인 '대화 미룸증'을 가지고 있었다.

대인관계를 망치는 보이지 않는 장애물, '대화 미룸증'

'대화 미룸증'은 이런 현상에 숨겨진 심리를 더 쉽게 이해하기 위해 내가 정의한 개념이다. 대화를 미루는 사람들이 갖는 심리적 공통점은 바로 두려움이다. 이들은 소통에 대한 자신감이 부족하거나 과거

말실수를 한 경험 때문에 다른 사람과의 대화를 과도하게 두려워한다. 특히 회사 상사나 중요한 고객과 대화할 생각만 해도 가슴이 뛰고 스트레스를 받는다. 중요한 화제를 계속 미루다 보니 대화의 적절한 시기를 놓치고 만다.

'대화 미룸증'의 또 다른 특징은 한 번에 똑바로, 분명하게 말할 수 있는 일들을 꼭 나중에, 혹은 시간이 지나고 나서 상대에게 알린다는 점이다. 그러면 상대가 잘못된 판단을 할 수도 있고, 둘 다 난처한 상황에 빠질 수도 있다. 심지어 서로를 믿지 못하는 상황을 초래하기도 한다.

이런 경우가 있었다.

한 여직원이 같은 부서의 상사를 찾아가 현재 추진 중인 프로젝트에 관해 의견을 전했다. 그녀는 처음부터 끝까지 불만만 늘어놓았다. 자기는 열심히 노력했지만, 문제가 너무 많다는 게 그녀의 주장이었다. 말하면서 그녀는 매우 감정적으로 변했다. 대화를 나눈다기보다는 상사에게 울분을 토해내는 것 같았다.

이튿날, 상사는 그녀가 메신저로 보낸 몇 개의 음성 녹음 파일을 받았다. 그는 나에게 그 파일을 들려주었다. 어제 성토했던 내용을 똑같이 반복하고 있었다. 그런데 마지막에 그녀가 보낸 음성 파일이 인상 깊었다.

"어제 제가 말씀드린 내용은 사실 팀장님이 저를 더 많이 지지해주고 자원을 투입해주셨으면 한다는 얘기를 돌려 말한……."

　　'돌려 말한'이라는 표현에 주목하기 바란다. 그녀는 업무와 관련된 일을 이틀에 걸쳐 두 부분으로 나눠서 전달했다. 하나는 표면적인 정보, 즉 감정 전달이었고, 다른 하나는 진짜로 말하고 싶었던 핵심을 상사에게 '암시'했다.

　　나는 그녀가 막상 상사에게 갔을 때 정서적으로 큰 부담을 느꼈음을 알 수 있었다. 요구사항이 거절될 수도 있겠다는 걱정이 들자 '돌려 말하는' 전략을 택했다. 그러다 보니 핵심은 감춘 채 일단 감정을 쏟아냈고 그러면 상사가 숨은 의미를 알아주리라 착각했다. 하지만 일은 그녀의 생각처럼 돌아가지 않았다.

　　사실 우리는 이런 종류의 대화에 매우 익숙하다. 용기를 내서 솔직하게 말하고 싶지만 정작 하고 싶은 말은 입 주변에서만 뱅뱅 맴돈다. 분명히 A를 말하려고 했는데 어쩌다 보니 B를 말해버린다. 그러다가 '아차!' 싶은 말실수를 해버리고, 결국 상대의 오해를 산다. 그걸 해결하려고 죽어라 변명을 해보지만 이미 돌이킬 수 없는 일이 되어버린다.

'대화 미룸증' 고치는 법

직장에서는 눈 깜작할 사이에 대화의 타이밍을 놓치는 경우가 많다. 그러니 이런 상황을 들으면 참 안타깝다. 시기를 놓치면 사람의 마음도 변한다. 똑같은 말이라도 원래 하려고 했던 말과는 그 '맛'이 다르게 표현된다. '대화 미룸증'은 어떻게 고칠 수 있을까?

첫째, 대화의 목적을 정확하게 적어보자.

당신이 먼저 누군가를 찾아가 대화를 시도할 생각이라면 비교적 강한 목적을 지녔다는 의미다. 업무 보고든 사적인 일이든, 사랑을 고백하는 일이든 다 마찬가지다. 하지만 목적만으로는 부족하다. 사람은 본능적으로 자기와 남을 속이는 데 능하기 때문이다. 조금이라도 용기가 부족해지면 갖은 변명으로 자기의 행위, 즉 대화를 시도하려는 생각을 억누르려고 한다.

'대화 미룸증'을 이겨내는 첫 번째 단계는 종이와 펜을 꺼내 대화의 목적을 진중하게 적어보는 것이다. '내가 이 사람과 왜 이 일에 관해 얘기하려고 하는 걸까?', 혹은 '내가 당장 해결해야 할 일은……' 등에 관해 적어보자. 그런 다음 그 종이를 집이나 사무실 책상 등 눈에 잘 띄는 곳에 붙여놓자.

2017년 초, 근무하던 회사에서 일부 프로젝트를 세 개의 외주 업체에 맡긴 적이 있었다. 급하게 진행하느라 먼저 일을 진행하고 계약서는 나중에 쓰게 되었다. 프로젝트는 순조롭게 끝이 났다. 그런데 결제 과정에서 일이 터졌다. 나는 먼저 계약서의 초안을 업체들에게 보낸 뒤 서명을 받아내야 한다는 점을 인식했다. 하지만 계약서 초안을 당장 구할 수가 없었다. 계약서를 처음부터 새로 쓰려면 변호사의 도움이 필요했다. 내가 다닌 회사는 재정 프로세스가 매우 엄격해서 계약서가 있어야만 비용을 청구할 수 있었다. 건마다 이 프로세스를 따라야 했기에 세 개 업체에 비용을 지불하기 위해서는 결제를 세 번 받아야 했다. 그게 끝이 아니었다. 부가세를 누가 부담하느냐를 두고 서로 논쟁이 일어났다. 누구도 그 비용을 부담하고 싶어 하지 않았다. 무엇보다 비용 정산이 바로 이루어지지 않으면 후속 프로젝트 진행에 큰 차질이 빚어질 판이었다.

솔직히 고백하면 이 일로 나의 '대화 미룸증'이 본색을 드러냈다. 나는 보름 동안이나 갖은 이유를 찾아가며 이 일에서 도망치려고 했다. 외주 업체에서 독촉 메시지를 계속 보내왔지만 난 움직이지 않았다. 그렇게 한 달 가까이 지났을 무렵 결국 나는 메모지 한 장을 꺼내 이렇게 적었다.

"오늘 반드시 입금할 것"

그리고 메모지를 책상에서 가장 잘 보이는 곳에 붙였다. 그 메모는 상당히 효과가 좋았다. 나는 그날로 모든 문제를 해결했고, 퇴근

무렵 모든 업체에 돈을 입금했다.

당신에게도 이 방법을 권하고 싶다. 먼저 대화의 목적을 분명히 정한 뒤 글로 적는다. 심리학 연구에 따르면, 사람은 무언가를 인지하는 과정에서 기억력이나 사고력 등이 '시각화'된 사물에 더욱 민감하게 반응하는 것으로 나타났다. 이러한 현상을 '시각화 효과'라고 부른다. 시각화는 어떠한 일을 더욱 구체적으로 형상화한다. 그래서 그 일에 관해 하고 싶은 수많은 말과 행동 중에서 꼭 필요한 것만 골라내는 작업을 돕는다. 이 '필터링' 작업이 매우 중요하다.

둘째, '가방'을 벽 너머로 던져라.

살다 보면 도저히 해결할 수 없을 것 같은 문제들을 맞닥뜨린다. 마치 차갑고 단단한 벽처럼 눈앞에 떡하니 버티고 서서 앞길을 가로막는다. 당신에겐 벽을 넘을 사다리가 없다. 그러나 벽 앞에서 계속 망설이고 주저하기만 한다면 그것은 포기와 다름없다. 당신이 할 수 있는 유일한 방법은 절대 물러서지 말고 당신의 소중한 '가방'을 벽 너머로 던지는 것이다. 그러고 나면 '어떻게 하면 성공할까?'에 온 신경이 집중된다. '실패할 수도 있다'는 걱정에 휩싸이지 않는다. 이런 상황을 만들어야만 비로소 벽을 넘을 방법이 찾아진다.

'대화 미룸증'도 대화를 어렵게 느낄 때 오는 일종의 도피 감정이다. 어려움을 이겨낼 용기와 전략이 부족해서 뒷걸음질 치는 것이다. 그렇다면? 맞다! 먼저 '가방'을 벽 너머로 던져야 한다. 예를 들면, 상의할 것이 있다고 상대에게 먼저 메시지를 보내버리거나, 식당을 일단 예약해놓고 그날 함께 식사하자고 요청한다. 그것도 어렵다면 상대 주변사람들에게 당신이 할 말이 있다는 걸 전달해라. 일단 말을 뱉으면 어쨌든 행동으로 옮기게 된다.

심리적으로나 내용 면에서도 열심히 대화를 준비하면 실패할 가능성은 훨씬 낮아진다. 그러니 시도하기 어려운 대화가 있다면 먼저 '가방'을 벽 너머로 던지자.

퇴로를
차단하라

'대화 미룸증'을 극복하는 두 가지 방법을 시도했다면, 당신은 이미 대화 상대를 찾아가 그 앞에 섰을 것이다. 이때 당신이 선택할 수 있는 건 도망가거나 대화하거나 둘 중 하나다. 이 두 갈래 길은 바로 '서론'에서 나뉜다. 그렇다. 대화를 어떻게 시작해야 하는지를 알면 그다음 대화는 걱정하지 않아도 된다. 간단한 원리다.

'감사'의 말로 시작하기

앞에서 대화의 목적을 종이에 적으라고 권유했다. 이는 대화를 시작하자마자 본론부터 얘기하라는 뜻이 아니다. 한 단계 한 단계를 거쳐 대화를 진행하면서 자연스럽게 당신의 목적을 드러내라는 뜻이다. 처음부터 본론을 얘기하면 상대가 놀랄 수도 있고, 그러면 대화는 큰 효과를 보지 못한다.

약속 장소에 나온 친구에게 다짜고짜 "내가 오늘 널 만나자고 한 건 내 여자 친구가 되어달라고 말하기 위해서야"라고 할 수는 없다. 박력 있고 진실해 보인다고 좋아하는 사람이 있을지도 모르겠다. 하지만 그래도 너무 갑작스럽지 않은가? 상대 여성이 놀라서 도망칠 수 있다.

상사 사무실 문을 열고 들어가 무턱대고 "팀장님! 급여를 올려주세요. 안 그러면 퇴사하겠습니다"라고 말해서도 안 된다. 이 말을 들은 절대 다수의 상사는 속으로 '그럼 그만두도록 하게'라고 생각할 게 뻔하다. 좋은 서론은 대화에 멋진 '옷'을 입힌 것과 같다. 만일 이 '옷'이 없으면 벌거벗은 채로 대화를 나누는 꼴이 되고, 그러면 상대를 놀라게 할뿐더러 인권까지 침해할 수 있다.

그럼 이제 '서론 설계' 방법을 살펴보도록 하자.

먼저 '감사'의 말로 시작하는 게 좋다. 심리적인 거부감은 대화를 망치는 중요한 요인 중 하나다. 일단 방어심이 생기면 상대의 말에 집중하기 어렵고 자존감도 낮아진다. 사람과 사람 사이에는 자기의 감정과 태도를 표현하는 수많은 방식이 있다. 예를 들면 비난이나 질책, 의심이나 비위 맞추기, 칭찬이나 동의, 감사 등이다. 이 가운데 상대의 심리적 방어기제를 풀 수 있는 것은 오직 '감사'뿐이다. 물론 여기서 말하는 건 진심에서 우러나온 진정한 감사다.

'대화 미룸증'이 존재하는 이유는 자신과 상대의 관계가 어떤 단계에 놓여 있는지 확신하지 못하기 때문일 수도 있다. 그래서 상대가 방어 태세를 취할까 봐 걱정하는 동시에 자기 마음속에도 경계선을 그린다. 이럴 때는 '감사의 말'로 서론을 시작하는 게 좋다. 그러면 짧은 시간 안에 서로의 심리적 방어 태세를 풀어놓을 수 있고, 이후 더 깊은 차원의 대화 분위기를 형성할 수 있다.

"부장님께서 오늘 제 기획안을 거절하셨지만, 제가 한시라도 빨리 그 방안의 부족한 점들을 알게 해주셔서 감사합니다. 안 그랬으면 나중에 더 많은 문제가 일어났을 겁니다. 그래서 찾아뵙고 감사 인사를 드리고 싶었습니다. 그리고 제게 화가 나고 실망하셨다면 마음 풀어주시기 바랍니다. 이후로는 더 주의하겠습니다. 이런 일은 오늘이 마지막일 겁니다."

조금만 집중해서 위의 예문을 다시 읽어보면 사실 말하고 싶은 건 '감사'가 아니라 '사과'라는 걸 알 수 있다. 말하는 사람은 기획안을 망쳤다. 엉터리 기획안을 올려 상사에게 혼이 났다. 만약 처음부터 '사과'를 했다면 효과는 좋지 않았을 것이다. '사과' 역시 상대방의 방어 태세를 풀지 못하기 때문이다. 물론 그 방어선이 선명하게 보이지는 않는다. 하지만 그것 때문에 상대는 그 사과를 달갑게 받아들이지 못한다. 이유가 뭘까?

여기서 잠깐 개념 하나를 소개하고자 한다. 바로 '심리적 엔트로피(엔트로피: 자연 물질이 변형되어 다시 원래의 상태로 환원될 수 없는 현상. '무질서 상태'라고 말하기도 한다)'다. 인간의 심리 건강은 일종의 에너지 운동 체계를 형성한다. 한 개인과 그를 둘러싼 외부 환경, 그리고 그의 심리 상태 사이에서 정신적 에너지가 생성되었다가 서로 교체되고 전이되는 현상이 반복되면서 심리적 엔트로피나 그 반대 현상인 탈엔트로피가 일어난다. 심리적 엔트로피는 인류가 지닌 진실함과 선량함, 아름다움과는 위배되는 정신적 오염 상태를 가리킨다. 부정적인 생각이나 방식, 부정적인 정서와 언행 등이 그것으로, 보통 이를 '부정적 에너지'라고 부른다. 반대로 탈엔트로피는 건강한 정서를 만드는 데 필요한 정보나 감정, 언행과 방법 등으로 긍정적 정신 에너지를 지칭한다. 감사가 바로 일종의 탈엔트로피에 해당하는 것으로 이는 기쁘고 멋진 감정적 체험을 선사한다. 감사의 대상과 감사를 표현하는 사람 모두 그 속에서 기쁨을 얻는다.

엔트로피 변환 이론의 각도에서 이를 생각하면, 노벨 물리학상을 수상한 에르빈 슈뢰딩거Erwin Schrodinger의 말을 인용해볼 수 있다. "생명체들은 죽음에서 벗어나 살기 위해 발버둥 칩니다. 이를 위한 유일한 방법이 바로 지속적으로 탈엔트로피를 실현하는 것입니다.

유기체는 탈엔트로피에 기대어 살아가는 존재들입니다. 다른 말로 하면 신진대사를 구성하는 본질적인 요소들은 유기체들이 살기 위해 어쩔 수 없이 만들어내는 엔트로피를 성공적으로 없앨 수 있도록 돕는 역할을 합니다."

한편 생물학 이론 쪽에도 감사 표현을 뒷받침하는 근거가 많다. 연구에 따르면, 감사를 표현할 때 사람의 호흡 계통과 혈액순환 계통, 소화 계통과 신경계 활동이 최적의 상태를 유지하는 것으로 나타났다. 연구 결과 호흡은 1분당 17~20회를 유지했으며 심장 박동은 정상이었고 혈관은 확장됐다. 위장의 운동이 활발해졌고, 소화계 분비물이 증가했으며, 소화와 흡수 운동 또한 왕성했다. 감사 표현의 긍정적인 면을 충분히 뒷받침하는 생리학적 근거들이다.

이 심오한 이론들을 거론한 이유는 바로 감사가 기분 좋은 체험을 선사한다는 것을 증명하기 위함이다. 감사는 관계 사이에 놓인 장애물을 효과적으로 없애주며, 어려웠던 대화의 물꼬를 터주는 놀라운 역할을 한다.

'메타 커뮤니케이션'의 역할

타인과의 상호작용 속에서 상대와 자신 사이의 '관계'에 관해 주목하기 시작하면 자연스레 그 소통 과정에 메타 커뮤니케이션이 등장

한다. 메타 커뮤니케이션은 의사소통 과정에서 전달되는 메시지 안에 함축된 메시지로, 우정 또는 사랑의 관계에 자주 등장한다.

예를 들어보자. "우리 이제 그만 싸우면 안 될까요? 저는 좋게 대화하고 싶어요. 화내면서 문제를 해결하고 싶지 않다고요." 이 말에는 평화적인 방법으로 관계를 개선하고 싶다는 메시지가 함축되어 있다.

메타 커뮤니케이션은 대화를 나누는 양쪽 모두에게 매우 중요하다. 이는 양질의 인간관계를 구축하는 데 매우 중요한 요소다.

그렇다면 메타 커뮤니케이션이 '대화 미룸증'을 해결하는 데 어떤 역할을 할까? 앞에서 개인의 차이는 있지만, 상대와의 관계가 어떤 단계에 있는지 확신하지 못하거나 그 깊이를 가늠할 수 없을 때 '대화 미룸증'이 나타난다고 말했다. 설령 그렇다 하더라도 계속 망설이거나 소통을 미루기보다 '해당 관계'를 화제로 삼아 대화를 시도해보는 것은 어떨까? 당신의 감정이나 걱정, 혹은 기대나 수확 등을 솔직하게 털어놓는 것이다.

이해를 돕기 위해 직원과 상사의 대화를 예로 들어본다.

"장 팀장님, 이번 프로젝트 진행을 위해 아낌없이 지원해주셔서 정말 감사합니다. 이번 일을 통해서 앞으로 팀장님과 긴밀하게 소통해야겠다는 생각을 했습니다. 그리고 사실 팀장님과 대화를 나누는 게 그렇게 어려운 일이 아니라는 걸, 오히려 매우 유쾌한 일이라는 걸 깨닫게 됐습니다."

물론 메타 커뮤니케이션이 대인 관계의 문제를 해결하는 '만능 키'는 아니다. 때로는 리스크도 따른다. 특히 어려움에 빠진 관계에 관해 변론하려고 했다가는 일종의 도발로 변할 수 있다.

"장 팀장님, 혹시 저한테 억하심정이라도 있으신 거 아닙니까? 방금 하신 그 말씀은 저를 겨냥하신 거죠?"

큰 용기를 내서 이런 말을 했다고 치자. '대화 미룸증'은 성공적으로 극복했을지 모르지만 이 관계는 끝난 거라고 봐도 무방하다. 그렇지 않더라도 최소한 단기간에 회복하기는 어렵다.

'대화 미룸증 극복'이 우리의 최종 목적이 아님을 강조하고 싶다. 진정한 목적은 모종의 관계를 능동적으로 이끌어가고 관계를 개선할 능력을 갖추는 것이다. 자기의 의견을 모조리 밝히는 방식의 대화법은 현명하지 못하다. 관계에 관한 이야기를 할 때는 조금 더 신중할 필요가 있다. 특히 감정이 격양된 상태라면 메타 커뮤니케이션을 진행하지 않는 것이 좋다. 그렇지 않으면 사태는 걷잡을 수 없이 악화될 것이다.

'아무거나'의
함정

한번은 연휴에 베이징에 갈 일이 생겼다. 상하이에서 내가 왔다는 소식을 들은 친구들은 단톡방을 만들어 다 같이 한번 모이자고 시끄럽게 떠들어댔다. 친구들은 베이징 동서남북에 각각 흩어져 살고 있었다. 메신저에서는 저녁 메뉴에 대한 이야기가 한창이었고, 나는 "너희가 정해"라는 말을 남긴 뒤 내 볼일을 봤다.

한 시간 뒤 메신저를 열자 단톡방에 100개의 새로운 메시지 알림이 떠있었다. 그때까지도 뭘 먹을지 정해지지 않은 모양이었다. 대화 기록을 계속 위로 올리면서 살펴보다가 나는 새어나오는 웃음을 참지 못했다. 친구들은 서로 "나는 다 괜찮아. 너희들이 먹고 싶은 거 먹자"라는 말을 반복하고 있었다.

그중 추진력 있는 친구가 보다 못해 "알았어. 그럼 내가 라오장이랑 상의해서 정할게"라고 말했다. 그와 라오장의 대화가 이어졌다. 그런데 제일 웃기는 사람이 바로 이 라오장이었다.

처음에는 "아무거나 다 괜찮아"라고 말하던 그는 "요즘 입이 헐었어. 훠궈는 먹지 말자"라고 했다. 그러더니 "자오민한테 물어보자. 어쨌든 녀석 때문에 모이는 거잖아"라는 것이 아닌가? 다른 친구가 보다 못해 둘의 대화에 끼어들었다.

"결혼식 장소 정하는 것도 아니고 이렇게까지 힘들게 할 필요 있냐? 지난번에 모였던 고깃집 괜찮던데, 거긴 어때?"

그러자 한 친구가 대답했다.

"그 집은 양고기 상태가 별로더라. 고기가 먹고 싶으면 북쪽 사환四環에 있는 데가 더 나아."

"거긴 너무 멀어. 지하철 타고 가려면 한 시간 반은 걸린단 말이야. 차 가져가도 길이 안 좋아서 두 시간은 걸릴 거야."

맨 처음에 "난 뭐든 괜찮아. 너희가 정해"라고 말한 친구의 대답이었다.

토론의 주제는 뭘 먹을지에서 이제 겨우 어디서 먹을지로 넘어가 있었다. 계속 대화가 이어졌으나 모두 이렇다 할 결론을 내지 못한 상태였다. 나는 그걸 보면서 속으로 생각했다.

'모두가 만족할 방법을 찾는 건 정말 어렵구나!'

일상의 대화를 살펴보면 내 친구들의 경우처럼 효율이 낮은 대화를 정말 많이 한다. 특히 메신저에서 대화를 나눌 경우 의견이 일치하기는 더욱 어렵다. 누군가는 자기의 생각을 굽히지 않고, 또 누군가는 그냥 대세를 따르려고 한다. 그런데 자세히 관찰해보면 결론을 내지 못하는 주요 원인은, 이런 두 부류의 사람들 때문이 아니라 '아무거나'라고 말하는 사람들의 속마음을 알아채지 못해 그들을 만족시켜주지 못하기 때문이다.

"아무거나", "다 괜찮아"라고 말하는 사람은 일반적으로 다음의 몇 가지 경우에 속한다.

- 생각하기 싫어하는 사람이다. 토론을 싫어해서 정말 아무렇게나 해도 상관없다.
- 자기의 의견이 부정당할까 봐 걱정하는 사람이다. 그래서 먼저 '아무거나'라는 자세를 취해 사람들의 반응을 살핀다.
- 말과 생각이 다른 사람이다. 겉으로는 대세를 따라 '아무거나' 다 괜찮은 척하지만 마음속으로는 사람들이 자기의 속내를 알아주길 바란다.
- 책임을 회피하려는 사람이다. 특히 위험 요소가 있을 때는 의견을 제시하지 않고 결정권을 다른 사람에게 전가한다. 그러다 문제가

생기면 모든 책임을 그 사람에게 돌린다.

'아무거나'라고 말하는 습관을 고치려면 어떻게 해야 할까?

먼저 어떤 토론을 이끌어가는 리더의 입장이라면 '보기'를 정해 주거나 명확한 의견을 밝혀야 한다. 절대 '주관식'으로 의견을 물어서는 안 된다. 식사 장소를 정하는 것으로 예를 들면 다음과 같은 제안을 할 수 있다.

1) 내일 저녁 모임: 차오양먼에 위치한 XX 식당에서 모임. 모두에게 그리 멀지 않은 곳임. ○○(핵심 인물)도 이 식당이 좋다고 했음(이 장소를 선정한 원인 설명)

2) 저녁 메뉴 투표: 훠궈 or BBQ / 참고로 다음 번 모임은 윈난(雲南) 요릿집에서 했으면 좋겠음(명확한 의견)

둘 중 하나를 선택하는 일인데도 고르지 못하는 사람이 있거나 두 가지 옵션이 사람들의 마음에 들지 않을 수도 있다. 그런 경우에는 모임의 핵심 인물과 따로 이야기를 나눠 사람들이 따르게 하면 된다. 핵심 인물이란 모임을 주최하는 사람 혹은 그 모임에서 비교적 권위가 높은 사람이다.

그런데 많은 경우 우리는 모임의 주최자도, 핵심 인물도 아니다. 그저 토론에 참여하는 사람 중 한 명일 수 있다. 그럴 때는 먼저 안되는 조건을 말한다. "훠궈만 아니면 다 괜찮아"라든가 "월요일, 목요일 저녁만 빼면 다 괜찮아"라고 미리 말한다. 혹은 유일하게 가능한 조건만 말한다. "요즘 약을 먹고 있어서 순한 음식을 먹어야 해"라든가 "오늘 차를 가지고 나오지 않아서 〇〇동에서 먹는 게 편해"라고 말한다.

모두를 만족시킬 수는 없더라도 최소한 자기의 바람 혹은 장애 요소를 명확히 밝힘으로써 그다음 대화가 더 순조롭고 정확하게 진행되도록 도울 수 있다.

말을 잘한다는 건, 칭찬과 인정을 잘해주는 것뿐 아니라 자기의 바람과 생각을 명확히 드러내 효율적인 소통을 이끄는 걸 의미한다.

꼭 알아두어야 할
허상

　내 친구 리샹룽李尚籠이 쓴 《당신은 겉보기에 노력하고 있을 뿐》이라
는 책이 있다. 그를 잘 아는 독자들이라면 2015년에 이 책이 출간되
었을 때 폭발적인 반응을 얻어 이미 베스트셀러로 등극했다는 걸 안
다. 2017년에 재출간됐을 때도 역시 인기가 좋았다. 아마도 이 책의
주제가 당시 사회현상과 잘 맞물렸던 것 같다. 마냥 즐겁고 근사해
보이는 자신의 삶 뒤에 사람들이 잘 모르는 허상과 거짓 노력이 숨
겨져 있음을 작가가 토로했기 때문이다. 그렇다. 누군가는 겉으로만
노력하는 척하고 누군가는 자신이 매우 순수한 척한다. 일부 업계는
심지어 이러한 허상이나 거짓에 기대 겉으로만 성장을 유지한다.
　그런데 이런 거짓 현상은 오래가지 못한다. 언젠가는 법의 심판
을 받거나 시장에서 들통 나기 마련이다. 법의 제재까지는 힘든 사

람의 언행도 그 뿌리를 제거하지 않으면 언제가 톡톡히 대가를 치르는 날이 온다.

그런데도 우리의 삶은 왜 거짓으로 점철되어 있을까? 학교와 회사, 텔레비전과 인터넷에는 왜 온갖 거짓이 난무할까? 나중에 깨닫게 된 사실이지만, 사람들은 거짓말을 해야 이득을 취할 수 있고 대가를 적게 지불한다.

다음 말들은 우리가 평소에 흔히 접하는 거짓말이다.

부모님: "네 세뱃돈은 다 저금해놨어."

초등학교 선생님: "사실대로 말해봐. 부모님께는 절대 비밀로 할게."

고등학교 선생님: "딱 1분만 얘기하자."

공부 잘하는 친구: "이번 시험 망쳤어!"

식당 종업원: "요리는 곧 나옵니다."

가게 주인: "밑지고 하는 장사예요. 오늘이 마지막 날입니다!"

상사: (회의 시간에) "그럼 내가 몇 마디만 간단히 보충하겠네."

열애설에 휩싸인 연예인: "그냥 친구 사이예요."

어머니가 딸에게: "걔랑 결혼하라는 건 다 너한테 도움이 되는 거라 그래."

친구가 돈을 빌릴 때: "다음 주에 갚을게."

자신에게 하는 거짓말

우리는 때로는 자기 자신에게도 이런 거짓말을 한다. 그리고 한두 번 하다 보면 습관이 된다. 위의 예문은 '남에게 하는 거짓말'이고 정작 내가 다루고 싶은 것은 바로 '자신에게 하는 거짓말'이다.

내 친구 단단은 한 회사의 사장이다. 하루는 회사 여직원이 그를 찾아와 이렇게 말했다고 한다.

"사장님, 회사에 잘 적응을 못 하겠어요. 어떻게 하면 좋을까요?"

"무슨 일인가?"

"곰곰이 생각해봤는데 다 제 잘못 같아요. 제가 너무 독특해서 사람들과 잘 어울리지 못하는 것 같아요."

"어떤 점이 독특하다는 거지?"

"다른 사람들은 매일같이 그저 일만 해요. 개성도 없고 꿈도 없습니다. 다들 이런 삶이 그럭저럭 괜찮다고 생각하고 참아내지만 저는 그렇지 않거든요. 눈앞의 현실에 얽매이지 않고 넓은 세상을 직접 가서 봐야한다고 생각해요."

'그래서 지금 뭘 어쩌자는 거야? 누구는 넓은 세상을 안 보고 싶나?'

단단은 이런 생각을 하면서 그녀에게 물었다.

"그게 자네 진짜 마음인가? 아니면 지금 사직하고 싶은 적당한 이유를 찾는 건가?"

그녀는 정색하며 대답했다.

"사장님, 저 이미 집도 내놨습니다. 윈난雲南으로 가서 게스트하우스를 운영해보려고요. 사람과 자연, 바다와 그림이 있는 그곳에서 여유롭게 살고 싶어요. 그게 제가 바라는 삶이에요. 물질적인 것에 더는 욕심 없습니다. 저 하나 먹고살 정도면 그만이에요. 돈이 떨어지면 다시 벌면 되고요. 하지만 제 청춘은 한번 지나가면 다시는 돌아오지 않잖아요."

담담히 고백하는 그녀의 이야기를 들은 단단의 두 눈에 감동의 눈물이 고였다.

"그거 아나? 그게 내가 원하는 삶이었어. 정말 부럽네. 용기를 내서 그런 삶에 진짜로 도전한다는 게. 건투를 비네."

단단은 그녀의 사직서에 사인을 해주었다. 그런데 6개월 뒤, 그녀가 짐을 싸서 다시 회사로 돌아왔다. 그 모습을 본 단단이 놀라서 물었다.

"어떻게 된 거지?"

"윈난은 산도 좋고 물도 좋은데 너무 외로워요. 역시 저는 베이징이 좋아요. 더럽고 어수선하지만 멋지잖아요."

단단의 사촌 동생 이야기도 들어보자.

단단의 사촌 동생은 시와 문학을 즐기는 사람으로 필력이 뛰어나다. 그는 대학을 졸업하자마자 베이징에 있는 한 신문사에 기자로 취직했다. 스스로를 대견해했고 자기가 집안의 자랑이라고 생각했다. 그런데 당시는 인터넷 포털 사이트가 폭발적으로 성장하던 때여서 중국 포털 사이트 'Sina'에 취직한 그의 한 대학 동창은 그보다 월급을 두 배나 더 많이 받았다. 그는 배가 아팠다. 어느 날 동창이 그에게 말했다.

"너도 우리 회사로 오는 게 어때? 처음에는 월급이 적어도 앞으로 비전이 좋아."

"지금 장난해? 나 국유기업 다니는 사람이야. 온라인 회사는 믿음이 안 가. 파산이라도 하면 어떡해? 게다가 나는 뉴스에 꿈이 있는 사람이야. 신문사야말로 내 꿈을 실현할 최적의 회사야."

"그렇게 꿈이 분명하면서 질투는 왜 하냐?"

5년 후, 그는 여전히 신문사의 기자로 일했다. 시기적으로 모바일 인터넷이 발전하기 시작했고, 사람들은 모두 스마트폰을 썼다. 그의 또 다른 친구는 한 앱 만드는 회사에서 제품 기획을 담당하고 있었다. 한번은 힘들어하는 그를 보고 친구가 좋은 마음으로 권유했다.

"지금 우리 회사가 빠르게 성장하고 있거든. 괜찮으면 우리 회사에 와서 온라인 업계를 한번 경험해보는 게 어때?"

"지금 장난해? 나 국유기업 다니는 사람이야. 그리고 결혼한 지

얼마 안 돼서 집에 신경 쓰느라 그럴 정신이 없어."

"그렇게 생각이 분명하면서 왜 답답해하고 힘들어하냐?"

2017년이 되었고 10년이라는 시간이 흘렀지만 사촌 동생은 여전히 신문사에서 똑같은 보직을 맡고 있었다. 그동안 그는 내부적인 잡 포스팅에 몇 번이나 응시했으나 계속 떨어졌다. 답답한 마음에 그는 사촌인 단단을 찾아가 고민을 털어놓았다.

"내부적으로 잡 포스팅을 하긴 하지만 다 짜고 치는 고스톱이야. 상사들이 이미 판을 다 정해놓고 하는 거라니까? 자기랑 친한 사람들만 뽑아주더라고. 그런데 나는 천성이 아부 떨고 그러는 사람이 아니란 말이야."

"그럼 아예 이직을 해보는 건 어때? 지금 콘텐츠 산업이 인기잖아. 너는 글도 잘 쓰니까 한번 도전해봐!"

"농담해? 나 국유기업 다니는 사람이야. 그리고 그런 일들이 돈도 많이 버는 것 같고 환경도 좋아 보이지만 사실은 그렇지 않다고. 지금 내가 하는 일도 그렇게 나쁜 건 아니야. 그냥 버텨보지 뭐. 어쨌든 힘들지 않으니까."

"버텨본다고 해도 네 시간을 낭비하잖아. 너도 이제 서른 중반이야. 더 있다가는 이직도 힘들어."

"상관없어. 나는 말이야 원래부터 돈 많이 벌고 승진하고 이러는

데 야심이 없었어. 그리고 이제는 애까지 생겼잖아. 애한테 집중해야지."

그의 단호한 태도에 단단이 말했다.

"아니, 그렇게 생각이 분명하면서 나는 뭐 하러 찾아온 거야?"

내가 베이징에 산 지 어느덧 20년이 다 되어간다. 야심 가득한 이 도시로 당찬 꿈을 품은 수많은 외지인이 몰려든다. 하지만 나와 단단 주변에 언제부터 이렇게 허망한 이상주의자들이 많아졌는지 모르겠다.

허망한 이상주의자란 꿈은 있지만 그 꿈이 단단하지 못한 사람들이다. 안전하게 환경이나 조건이 보장되지 않으면 그 꿈은 모래 위에 쌓은 성처럼 힘없이 무너져버린다.

그들은 열심히 살긴 하지만 종종 무력감을 느낀다. 재주가 많고 뛰어나지만 그 재주를 펼칠 기회를 잘 잡지 못한다. 스스로 보잘것없다고 생각하면서도 다른 사람이 자기 재능을 알아주지 못하면 분노한다.

곰곰이 생각해보았다. 젊은 청년들이 왜 그렇게 노인처럼 사는 걸까? 분명히 뛰어난 재능을 가진 사람들인데 왜 그걸 제대로 발휘하지 못할까? 나중에 알게 되었다. 그건 능력이 부족해서도, 시대가 그들에게 기회를 주지 않아서도, 가정환경 때문도 아니었다.

그들은 스스로 거짓말을 하고 있었다.

그 거짓말은 겉보기에는 매우 타당하고 일리가 있었다. 그래서 계속 그렇게 말하다 보니 스스로 그 말을 믿게 되었다. 거짓말은 유리 새장을 만들어 그들을 가두었다. 바깥세상을 볼 수는 있지만 실제 만져보고 경험할 수는 없었다. 그 안에서 10년, 20년의 세월이 흘러 그들은 늙어갔고 새장 안의 삶은 쉽고 안전했다. 시간이 지나면 새장은 그대로 그들의 관이 될 터였다.

어른의 세상에는 '쉽다'는 두 글자가 존재한 적이 없다. 지하셋방 침대에 몸을 뉘고, 여러 사람이 한 집에서 부대끼며 사는 게 무서운 게 아니다. 출퇴근 시간, 지옥을 방불케 하는 지하철과 버스가 무서운 게 아니다. 다소 초라한 행색이, 조금 저렴한 도시락이 무서운 게 아니다.

이 세상에서 가장 무서운 일은 바로 다른 사람의 시선 안에서 사는 것, 자기가 하는 거짓말 안에서 사는 것이다.

누군가는 내게 이렇게 물을 수 있다. "똑똑해야 말을 잘한다고 항상 얘기하지 않나요? 그런데 왜 지금은 진실만 얘기하라고 하는 거죠?"

'말을 잘한다'는 뜻을 잘못 이해한 사람들의 질문이다. 또 이것이 바로 '똑똑함'에 대한 가장 큰 오해다. 거짓말하지 않으면서도 똑똑함을 유지할 수 있고 대인관계를 잘 만들 수 있다.

스스로에게 거짓말하는 사이, 그 거짓말에 속아서 그렇게 하루하루를 보내는 사이 발전할 기회를 놓치고, 자기를 진심으로 사랑할 기회를 놓치며, 부모님 곁에 있어줄 시간과 아이가 자라면서 남기는 소중한 순간을 놓친다는 점이다. 이제는 자신이 말을 잘하는 사람이라는 착각에서 벗어날 때가 되었다. 거짓말은 천 번을 해도 거짓말이기 때문이다.

제3장

그렇게
말하지 말아요,
아프잖아요.

좋은 의도로 한 일이 오히려 나쁜 결과를 낳는 경우가 있다.
나는 대부분의 '나쁜 일'은
'좋은 의도'에서 시작되었다고 생각한다.
말도 그렇다.

- 자오민

칼을 품고 있는
말투

습관적으로 사용하는 언어를 보면 그 사람을 알 수 있다. 당신은 혹시 입에 '칼'을 물고 있지는 않은가?

셰융은 프랑스 칸 국제광고제Cannes Lions International Festival Of Creativity 에서 대상을 받은 디자이너다. 수상작 제목은 '언어폭력'이다.

작품의 영감은 소년범들에게서 얻었다고 한다. 그는 부모들이 자녀들에게 습관적으로 사용하는 언어와 소년 범죄 사이에 모종의 연관이 있다는 사실을 발견했다. 소년범들과의 인터뷰 영상을 보면 어떤 아이는 "엄마는 매일 내게 욕을 했다"고 고백했고, 어떤 아이는 "부모님은 늘 나를 형들과 비교했다"고 말하기도 했다. "아빠는 세상에 나보다 못난 사람은 없을 거라고 말했다"고 한 아이도 있었다.

그중 열다섯 살의 한 소년범은 늘 엄마에게 잔소리와 꾸지람을 들었다고 한다. 어머니는 매일같이 "종일 먹는 것밖에 모르는 놈"이라며 아들을 비난했다. 중학교 시절, 하루는 친구와 다툼이 일어났다. 친구가 체형이 통통한 편이었던 그를 "먹는 것밖에 모르는 놈"이라고 놀렸기 때문이다. 결국 그는 친구를 때려 한쪽 눈을 멀게 만들었다.

소년범들과의 인터뷰를 통해 세용은 대표적인 키워드를 몇 개 뽑아냈고 이 어휘들을 해체와 조립이 가능한 '무기'들로 만들어냈다.

예를 들어, '돼지 대가리'와 같은 단어는 총 모양으로, '쪽팔려'라는 말은 도끼 모양으로, '나가 죽어'라는 말은 날카로운 칼 모양으로 만들었다. '쓰레기'라는 단어는 화살 모양으로, '못난 새끼'라는 말은 소총으로 만들었다.

작품에서 이 언어들은 무시무시한 흉기가 되었다. 그는 작품을 통해 부모와 선생님들에게 아이들을 향한 언어폭력을 당장 멈추라는 메시지를 전달하고자 했다. 그는 매체와의 인터뷰에서 "언어폭력은 소리 없는 총과 같이 조용히 아이들의 존엄과 인생을 말살해 버린다"고 밝혔다.

'은근한 언어폭력'이란?

사람의 존엄과 인생까지 말살하고 짓밟는 무자비한 언어폭력이 주변에 흔치는 않겠지만 작은 언어폭력은 때와 장소를 가리지 않고 '수시로' 일어난다. 심지어 상대가 감정적으로 아무런 반응을 보이지 않을 수도 있어 더 자주 반복되기 때문에 결과적으로는 관계를 깨뜨린다. 나는 이것을 '은근한 언어폭력'이라 부른다.

"앞에서 우회전! 우회전이라고! 내 말 안 들려?"

"이건 결코 내 문제가 아니야. 당신의 행동력 문제라고! 다 네 탓이야!"

"너는 어쩜 그렇게 지각을 밥 먹듯 하니?"

"넌 죽을 때까지 내 말이 무슨 뜻인지 모를 거야!"

"넌 한 번도 내게 관심이 없었어!"

"왜 그래? 또 시작이야?"

"그걸 왜 나한테 물어?"

"내가 그걸 어떻게 알아?"

"네가 거기에 가서 뭐 하게?"

'은근한 언어폭력'에는 질책과 원망, 비난과 책임 전가가 포함된다. 모든 문제와 불만을 상대에게 덮어씌우는 표현 방식이다.

문제의 원인을 습관적으로 상대에게 전가하려는 심리는 일종의 병적인 반응이다. 심리학에서는 이를 성격 장애라고 한다. 심리학계에는 "신경증 환자는 자신을 괴롭히지만, 성격 장애는 다른 사람을 괴롭힌다"는 말이 있다. 그런데 '은근한 언어폭력'을 유발하는 중요한 요인 중 하나가 바로 성격 장애다.

사실 우리는 거의 모두 일정 정도의 성격 장애 혹은 신경증을 앓고 있다. 발병 원인은 복잡한데 정신적, 심리적 충격이 가장 흔한 요인이며 가끔 유전적 요인도 존재한다.

여기서는 심리학적 치료 방법을 언급하기보다는 언어 표현 방식에 변화를 줌으로써 성격 장애를 줄이고 '은근한 언어폭력'의 발생 빈도를 줄이는 방법을 알아보고자 한다.

'은근한 언어폭력'을 줄이는 방법

미국의 심리학자 마셜 B. 로젠버그Marshall B. Rosenburg의 저서 《비폭력 대화》에는 인도 철학자 지두 크리슈나무르티Jiddu Krishnamurti의 인용구가 나온다. "평가가 들어가지 않은 관찰은 인간 지성의 최고 형태다." 타인의 행동을 편견이나 비난 없이 관찰하고 분석하기는 대단히 어렵다.

하지만 이것을 극복하는 일이야말로 우리의 말버릇을 바꾸는 유일한 돌파구다. 어떠한 사건이나 상황을 주의 깊게 살핀 후 그것을 최대한 단순하게만 설명해도 많은 부분에서 '은근한 언어폭력'을 줄일 수 있다.

한 손님이 식당을 찾았다. 룸 안이 조금 춥다고 느낀 그가 종업원에게 물었다.

"룸 안이 왜 이렇게 추운 거요? 난방 좀 틀어요."

말이 끝나기 무섭게 종업원이 대답했다.

"난방은 틀어놨습니다. 룸이 조금 커서 온도가 올라가는 속도가 느려서 그래요."

그러자 손님이 씩씩대며 말했다.

"내가 보기엔 당신들 서비스에 문제가 있는 것 같구만!"

이런 식이라면 종업원은 기분이 상할 수밖에 없다. 손님이 말투를 조금만 바꿔서 자기가 처한 상황을 얘기해보면 어떨까?

"이 룸은 창문 두 개가 꽉 닫히지 않아서 바람이 새는 것 같아요. 그래서인지 방이 좀 춥네요. 다른 룸으로 바꿔줄 수 있을까요?"

일단 상황을 주의 깊게 살폈다는 점이 드러나고, 자신이 발견한 사실을 객관적으로 설명하면서 상대에게 문제 해결을 부탁하는 말투를 사용했다. 가장 중요한 포인트는, 이렇게 말하면 상대의 기분을 망치지 않아 문제를 빨리 해결할 수 있다는 점이다.

택시를 탔는데 기사가 모르는 길로 가려고 한다. 길을 잘못 들어섰다는 걸 직감한 당신이 다급한 목소리로 기사에게 말한다.
"앞에서 우회전! 우회전요! 아니, 왜 우회전을 안 하세요? 대체 왜 그러시는 거예요?"

그런데 여기서 '비난을 뺀' 말투를 사용한다면 어떨까?

"아이고, 우회전이라고 말씀드린다는 걸 깜빡했네요."
"조금 전 길목에서 좌회전을 하든 우회전을 하든 똑같은 거죠? 저는 보통 우회전을 하거든요."

상황을 순수하고 객관적으로 관찰한 다음 말을 하면 말투가 매우 온화하고 예의 바르게 느껴진다. 또 상대에게 감정적으로 압박을 주지 않기 때문에 소통의 효과는 배가 된다.

평소 사용하는 관용어를 줄이는 것도 '은근한 언어폭력'을 피하는 길이다. 앞의 예문들에도 상대의 심기를 건드리는 어휘나 단어가 존재한다.

'항상', '늘', '허구한 날', '한 번도', '조금도', '대체', '당연히' 등이 이에 해당한다. 호칭에도 주의를 기울일 필요가 있다. '당신' 혹은 '너' 등의 2인칭은 최대한 자제하는 게 좋다.

"당신 대체 왜 그래요?"
"당신은 팀에 도움이 안 돼요."
"넌 늘 나를 무시해."

2인칭 사용을 줄이기 힘들다면 "내 생각에는……", "내가 보기엔……" 등과 같이 1인칭으로 바꿔 사용할 수 있다. 호칭의 중요성을 무시하면 안 된다. 이를 통해 말투에 담긴 공격성을 눈에 띄게 줄일 수 있다는 것을 명심해라.

'은근한 언어폭력'은 책임 전가 식 소통이어서 감정의 발산 혹은 극단적 용어가 많이 사용된다. 물론 사람들과 어울리다 보면 생각의 차이를 피할 수는 없다. 똑같은 일이라도 사람마다 관점과 생각이 다르기 때문이다. 그렇지만 중요한 건 누가 맞고 틀리느냐, 누가 누구에게 무릎 꿇느냐, 누가 누구에게 먼저 사과하느냐가 아니다. 소통을 통해 더 효과적으로 문제를 해결하고 양쪽이 지불해야 할 대가나 위험을 최소한으로 줄이는 것이다.

"더는 조건 반사 식으로 반응해서는 안 된다. 자기의 감정과 바람을 정확하게 이해하고 의식적으로 언어를 사용해야 한다. 솔직하고 명확하게 자기를 표현하는 동시에 타인을 존중하고 의견을 경청해야 한다." 《비폭력 대화》에 나오는 이 말이 맞다.

'돌직구'를 대하는
자세

동서고금을 막론하고 지나치게 직접적인 표현은 듣는 사람을 당황하게 한다. 미국 드라마 〈라이 투 미Lie to me〉에서 라이트만 박사의 조수로 나오는 로커는 '지독하게 솔직한' 인물이다. 그는 여자 동료 토레스와의 첫 만남에서 자기의 생각을 거침없이 드러낸다. "당신과 자고 싶은데 그런 기회는 오지 않겠죠?" 결과가 어땠는지는 말하지 않아도 알 수 있을 것이다.

　때로는 자기 생각을 직접적으로 표현하는 사람이 주변의 이목을 끌기도 한다. 중국의 영화감독 펑샤오강馬小剛이 2017년 6월 상하이 영화제에서 이런 말을 했다. "중국에 쓰레기 영화가 이렇게 많은 이유는 쓰레기 관중이 많기 때문이에요. 그 사람들이 박수를 보내지 않아야 그런 영화들이 사라져요." '돌직구' 화법은 펑샤오강 감독의

스타일이다. 그가 일단 무슨 말을 하면 세간의 이목을 끌고 여론의 공격을 받기도 한다. 그러나 이슈를 만들어 작품을 흥행시키는 영화감독에게 꼭 나쁜 일만은 아니다.

다만 보통 사람들의 경우 직접적으로 말했을 때 골치 아픈 일이 자주 발생한다. 심지어 따돌림을 당하기도 한다.

너무 직접적인 말은 상대의 감정을 전혀 고려하지 않은 것이어서 관계를 망칠 수 있다. 모두가 다 아는 사실 아닌가. 그런데 왜 우리 주변에는 직접적으로 말하는 사람이 많을까? 나는 그 이유를 세 가지로 설명하고 싶다.

첫째, 사람들의 관심을 끌어 주목받으려는 마음 때문이다. 다시 말해 고의적인 '전략'일 수 있다. 다소 자극적이고 도발적인 말투로 사람들의 관심을 끌어 주목받고 싶은 욕구를 채우려는 것이다. 펑샤오강 감독이 공개 장소에서 돌직구를 던지는 이유와 같다.

둘째, 일종의 대인 기피증으로 첫 번째와는 정반대의 경우다. 겉으로는 매우 강인하고 자신감 넘치지만, 심리적으로는 외로움을 느끼고 상처가 많은 사람에게서 자주 나타나는 증상이다. 이들은 사람은 믿을 만한 대상이 아니라고 생각한다. 그래서 '직접적인 말'로 자신이 매우 똑똑한 사람이라는 걸 드러내려 하거나 '고집스러운 말투'로 상대를 도발한다. 하지만 이는 심리적으로 사람들에게 거리감을 느끼며 자기를 보호하려는 방어 기제의 발현이다.

셋째, 현명하지 못하기 때문이다. 가장 흔한 경우다. 사람들은 종종 분위기를 파악 못하고 자기의 신분을 망각한다. 그래서 마음 가는 대로 말하고 하지 말아야 할 말을 생각 없이 내뱉는다. 물론 악의는 없다. "이 옷 입으니까 더 뚱뚱해 보인다", "나는 그 사람 싫어. 그래서 도와줄 마음 없어" 대표적인 말들이다.

'돌직구'가 다 나쁜 건 아니다

돌직구는 가끔 불필요한 감정 소모를 줄여준다. 내 학생 중에 직접적인 말투를 가진 친구가 있었다. 다니던 회사에서 시골에 내려가 개발 사업을 추진할 직원을 파견할 일이 있었다. 상사는 내 학생과 다른 직원 한 명에게 의견을 물었다. 그런데 그 프로젝트는 매우 고된 일이라서 두 사람 다 가고 싶은 마음이 없었다.

그는 제안을 받고는 회사에 자기 입장을 직접적으로 밝혔다.

"아내가 임신 준비 중입니다. 그래서 저는 내려갈 수 없습니다."

결국 상사는 그의 동료 직원을 시골로 보냈다.

물론 시골로 가서 일하는 게 나쁘다는 뜻이 아니다. 장기적으로 보면 그의 앞날에 득이 될 수도 있다. 다만 태도를 명확히 하는 것이 애매한 입장을 취했다가 상사를 원망하거나 자신을 자책하는 등의 감정 소모를 안할 수 있어서 훨씬 낫다는 것이다.

부부 사이도 마찬가지다. 핵심에서 벗어나 엉뚱한 것만 물어보다가 상대의 기분을 상하게 하면 애초에 없던 의심이 생긴다. 이럴 때는 솔직하게 알고 싶은 걸 직접적으로 묻는 게 더 효과적이다. 다만 말투에 주의해야 한다. 직접적이고 솔직한 게 꼭 공격적이라는 뜻은 아니다.

상대의 직접적인 말투가 때로 격려가 되는 경우도 있다. 우리는 나에게 상냥하고 호의적인 사람만 사귈 수는 없다. 당신이 원하는 방식으로만 사람들이 말하게 하는 것도 불가능하다. 때로는 그들의 직언을 충언으로 바꿔 들을 필요가 있다. 상대의 말에 들어 있는 자극적인 요소를 성장의 발판으로 삼는 것이 지혜로운 처사이기 때문이다.

내가 책을 쓰는 이유도 사실 누군가의 '돌직구' 때문이다. 인간관계와 소통법에 내가 이렇게 관심을 갖게 된 것은 연구 자체가 주는 즐거움도 있었지만 어떤 한 사건이 나를 자극했기 때문이다.

2015년 기자였던 시절, 한 창업 기관에서 진행하는 수업을 청강하러 갔다. 수업 주제는 '효율적인 프레젠테이션'이었다. 수업을 반 정도 들었을 때 강사가 갑자기 내 이름을 불렀다. 그러더니 앞으로 나와 학생들에게 창업 아이템을 3분 안에 설명해보라고 했다.

갑작스러운 요구였고 나는 아무런 준비가 되어 있지 않았다. 분위기에 밀려 어찌어찌 나가 되는 대로 3분을 채우고 내려왔다. 물론 발표는 엉망이었다. 강사는 학생들 앞에서 이렇게 말했다. "보세요, 전문 언론인도 제대로 하기 어려워요!"

한 마디로 '총 맞은' 기분이었다. 하지만 그날 일을 계기로 나는 두려움을 극복하고 프레젠테이션의 고수가 되어보리라 결심했다. 사람은 때로 한을 풀기 위해 열심히 분발한다. 그러니까 그날 강사의 돌직구 평가 덕에 지금의 내가 존재할 수 있었다고 생각한다.

돌직구로 문제의 소지가 될 만한 요소를 애초에 제거할 수도 있다. 세상에 참기만 하는 사람은 없다. 어떤 관계에서나 마찬가지다. 상대가 계속 나의 한계를 건드리면 결국은 폭발해버리고 만다. 그 지경에 이르면 관계는 파국으로 치닫는다. 관계 초반에 직접적이고 명확한 말로 자기 입장을 설명하는 편이 지혜로울 수 있다.

마음은
그게 아닌데

좋은 의도로 한 일이 오히려 나쁜 결과를 낳는 경우가 있다. 나는 대부분의 '나쁜 일'은 '좋은 의도'에서 시작되었다고 생각한다. 말도 그렇다. 좋은 마음으로 해준 충고나 조언이 누군가에게는 저주로 들릴 수 있다. 선의로 해준 말이 누군가에게는 질책이나 비난으로 들려 관계가 뒤틀리기도 하고, 누군가는 마음속으로 오지랖도 넓다며 당신을 욕할지도 모른다.

내가 아는 S라는 학생이 바로 이런 일을 당했다.

S는 건강검진 결과를 받고 놀랐다. 혈압과 콜레스테롤 수치가 높고 간 기능에도 문제가 있다는 소견이 나왔던 것이다. 울적해진 그녀는 친구 L을 찾아가 하소연했다. 그런데 L은 의학 전문가처럼 이런저런 충고를 늘어놓기 시작했다.

"그것 봐. 매일같이 그렇게 술을 마시고 새벽 한두 시가 돼서야 집에 들어가더니! 그거 알아? 자기 전에 먹는 술이 가장 몸에 해롭대. 너는 술에 취하면 더 푹 잔다고 생각하겠지만 사실 몸은 이미 마비 상태에 들어간 거라서 수면의 질이 현저히 떨어져. 게다가 어디에 제일 해로운지 알아? 바로 간이야. 간은 심장과도 연결되어 있어서 심장에도 무리가 간단 말이야. 그래서 술에 취해서 잠들었다가 새벽에 심근경색으로 돌연사하는 사람이 많은 거야."

S는 친구의 말을 들으면서 몇 번이고 자기 '변호'를 하고 싶었지만 아무래도 그녀의 동정을 얻기는 틀린 일 같아 참았다.

"혈압이랑 콜레스테롤 수치가 그렇게 높으면서 평소에 운동은 좀 했어? 조깅은? 그리고 너 평소에 고기 먹는 거 엄청 좋아하지? 그렇게 먹는 거 좋아하면서 운동도 안 하는데 혈압이랑 콜레스테롤이 낮을 수 있겠어? 너 진짜 조심해야 해. 절대로 젊어서 괜찮겠지, 생각하면 안 된다. 삼십대에 과로사로 죽는 사람도 얼마나 많은데. 지금은 괜찮은 것 같아도 나중에 늙으면 엄청나게 고생해. 게다가 너 같은 성격을 그때 가서 누가 돌봐주겠나?"

S는 더는 참기가 힘들었다.

"아니, 너는 무슨 말을 그렇게 하나? 돌연사니, 죽느니 그런 말을 지금 왜 해? 넌 내가 일찍 죽기라도 바라는 거야 뭐야!"

그러자 L이 억울하다는 표정으로 대답했다.

"넌 진짜 뭘 모른다. 다 너를 위해서 하는 얘기잖아. 내가 널 친구로 생각 안 했으면 애초에 이런 얘기도 안 해!"

나는 L의 태도가 매우 우스웠다. 누군가 어리석은 L을 '구제'해주지 않는 이상 앞으로 더 많은 사람에게 상처를 남길 게 뻔하다는 확신이 들었다.

비난과 제안은 다르다

L은 어떤 실수를 저질렀을까.

첫째, L은 친구를 위로하려는 좋은 의도를 가지고 있었다. 그런데 실제로는 시종일관 병에 관한 정보를 전달했을 뿐 친구의 감정은 완전히 무시했다.

L은 의학 상식을 많이 알고 있었다. 하지만 그녀가 아무리 많이 안다 한들 의사보다 전문적일 수 있을까? 아마도 어딘가에서 의사가 한 말을 듣고 말했을 가능성이 크다. 그런데 하필이면 그 상황에서 상대에게 자기의 지식을 '뽐낸' 꼴이 되었다. 당시 S에게 필요했던 건 건강을 회복하는 데 도움이 되는 각종 정보가 아니다. 그녀에게 필요했던 건 친구의 위로와 격려, 그리고 긍정적 자극이었다.

건강이 악화된 건 S다. 그리고 누구보다 자신이 건강해지길 바랐다. 아무리 좋은 의도라 할지라도 의학적인 분석은 아끼는 편이 좋았다. 오히려 공포심과 근심만 더 키우는 꼴이 되어 아무런 도움을 주지 못했다.

둘째, L의 말투에 문제가 있었다. 가르치고 훈육하는 말투는 상대에게 압박감을 준다.

의학 상식을 말했다고 치자. 그럼 모르는 걸 알게 된 셈 치면 된다. 그런데 저주 식의 과격한 표현은 반감을 일으킨다. 이런 말투는 쉽게 증상을 과장하기 때문에 상황을 더 악화시킨다. 심지어 L은 돌연사 예언까지 해버렸다. 절대 해서는 안 되는 표현이다. 설사 그런 상황이 발생하지 않는다 해도 상대는 당시의 불길한 말들을 기억하고 있기 때문에 부정적인 에너지를 받는다. 게다가 진짜 그런 상황이 발생하면 상대는 당시의 저주와 재수 없는 말 때문에 자기가 아프다고 생각하고 원망한다.

최악은 세 번째다. L은 질책과 비난의 방식으로 충고와 제언을 했다. 어떤 생활 습관이 건강에 좋은지를 차근차근 설명하기보다 "너는 왜 그 모양이니?", "너는 왜 그렇게 상식이 없니?" 등의 말투로 상대를 비난했다. 거듭 강조하는데, 상대의 잘못을 지적하거나 비난할 경우 상대는 어떻게 하면 그것을 고칠 수 있을까를 생각하기보다 어떻게 반격하고 자기를 변호할까에 집중한다. 그래서 L의 행동은 아무리 좋은 의도일지라도 결코 질책이나 비난의 방식으로 제언하지 말아야 한다는 것을 알려준다.

좋은 의도를 잘 전달하는 방법

먼저 친구가 처한 상황에 대한 이해가 부족한 경우라면 함부로 의견을 제시하지 말기를 권한다. 대신 질문 방식으로 위로나 관심을 표하는 것이 좋다.

"왜 그런지 의사 소견을 들어봤어?"
"약은 처방 받았어? 얼마나 먹어야 한대?"
"평소에 아프거나 불편한 데는 없었어?"
"의사는 앞으로 어떻게 하래?"
"앞으로 주의해야 할 음식은 뭐야?"
"운동이 도움된다면 조깅도 괜찮은 거야?"

이러한 질문에는 악의가 섞여 있지 않다. 진정으로 상대의 상태를 걱정하고 관심을 보이는 마음이 엿보인다. 이를 통해 상대는 당신의 호의와 관심을 충분히 느낄 수 있을 것이다.

두 번째 방법은 다른 사람의 이야기를 빌려 자신의 생각을 말하는 것이다.

사람은 모든 동물과 마찬가지로 자기에게 득이 되는 것은 취하고 해가 되는 것은 피하려는 본능이 있다. 만일 "너 계속 그대로 지내다간 암 걸려!"라고 말한다면 상대는 당신을 증오할 것이다. 그런데 다른 사람의 말을 빌려 이야기를 전하면 반감이 줄어든다. 이때 실패담만 전하기보단 성공사례도 함께 들려줘야 그 효과가 빛을 발한다.

"우리 친척 중에 혈압이랑 콜레스테롤이 너보다 더 높은 분이 계셨거든. 늘 두통에 시달리고 눈이 잘 보이지 않는다고 하셨어. 기운도 없으셨고. 몇 계단만 올라가도 온몸이 땀으로 젖었지. 혈압을 낮추는 약을 드셔야 그나마 괜찮아지시더라고. 그런데 그분도 참 대단해. 어느 날부터 차를 타지 않고 매일 걸어서 출퇴근하시더라고. 반년 동안이나. 얼마 전에 재검을 받았는데 모든 수치가 다 정상으로 돌아왔대. 신기하지! 그런데 들어보니까 걷는 것도 열심히 했지만, 술도 많이 줄이셨대."

친척이 건강을 회복한 이야기지만, 실제로는 운동을 열심히 하고 술을 줄여야 한다는 자기 생각을 전달했다. 이렇듯 자신의 생각을 다른 사람 이야기에 빗대어 말하면 거부감 없이 받아들이게 돼 결과적으로 친구에게 진정으로 도움을 줄 수 있다.

일상의
남탓주의보

토요일 아침, 여덟 시도 채 되기 전에 M은 Y가 보낸 음성 메시지를 받았다.

"M, 어제 모임에 왜 나는 부르지 않았어? 다른 사람은 다 불러놓고 왜 나만 쏙 뺀 거야? 나를 이렇게 무시해도 되는 거니?"

Y는 잔뜩 화가 난 목소리였다. 잠이 싹 달아난 M은 간단하게 답장을 보냈다.

"어제 저녁 모임은 K가 주최한 거야. 연락은 걔가 다 했어."

하지만 Y는 그 대답이 만족스럽지 않은 듯 다시 불만에 찬 목소리로 메시지를 보냈다.

"지난번에 K도 다음번 모임에는 나를 꼭 부르겠다고 했단 말이야. 그럼 네가 걔한테 언질이라도 줬어야지. 나를 부르라고."

M은 속으로 생각했다.

'아니, K가 너한테 연락하지 않은 걸 왜 나한테 퍼붓는 거야? 이게 말이 돼?'

하지만 빨리 상황을 마무리 짓고 싶었던 M은 이렇게 답장을 보냈다.

"알았어. 다음엔 꼭 부를게. 화내지 마!"

하지만 이 말이 Y를 더 화나게 만들었다. M도 미처 생각지 못한 일이었다.

"다음엔 꼭 부른다고? 웃기네. 야! 너 잊지 마. 내가 없었으면 너희 둘은 서로 알지도 못했어. 너 지금 나랑 K 사이를 갈라놓으려고 그러는 거지?"

이 말에 화가 난 M도 더는 참지 못하고 결국 Y와 크게 싸우고 말았다.

갈등의 발생

세상은 갈등으로 가득하다. 식당 테이블이든 금빛으로 물든 논밭이든, 화려한 고층 빌딩이든 습기 가득한 지하실이든, 갈등은 어디에나 존재한다. 갈등으로부터 완전히 자유로운 사람은 드물다. 심지어 혼자 있을 때도 가끔 자기 자신과 싸우는 마음의 소리를 듣는다.

우리는 갈등을 방관하기도 하고 때로는 갈등의 일부가 되기도 한다.

K와 J는 사귄 지 얼마 되지 않은 커플이다. 그런데 연휴 기간에 K는 J에게 한 번도 연락을 하지 않았다. 화가 난 J는 세 번 연달아 K에게 문자를 보냈다.

"대체 뭐 하는 거야? 문자 한 통 보낼 시간도 없어?"

"지금 뭐 하자는 거야?"

"너 지금 나랑 장난하자는 거니? 착각하지 마. 너 나를 너무 우습게 봤어!"

K는 내게 둘의 관계에 확신이 없어서 연휴 기간에 그녀에게 연락을 하지 않았다고 털어놓았다. 그는 그 관계에 전심으로 몰입할지 말지를 조용히 생각하고 싶었다고 했다. 그런데 그녀에게서 온 세 통의 문자를 받고 뒷걸음질을 쳤다. 그는 이어질 그녀와의 갈등을 걱정하고 있었다.

J는 자기와 K의 목표가 양립하지 않음을 깨달았다. J의 목표는 관계를 더욱 발전시키고 K로부터 더 많은 사랑과 관심을 받는 것이었다. 하지만 며칠 동안 연락이 없자 그녀는 그가 관계를 발전시켜나갈 의지가 없음을 예감했다. 그리고 서로 간의 목표가 충돌한다고 생각했다. 즉, K가 자기의 목표, 관계 발전에 방해가 된다고 생각했

고 그래서 갈등이 발생했다.

일상에서는 이러한 갈등이 비일비재하다.

1) 비행기 안에서 당신 뒤에 앉은 한 아이가 30분 동안 큰 소리로 울고 있다. 인내심이 바닥난 당신은 결국 자리에서 일어나 아이의 어머니에게 소리를 질렀다.
2) 너무 피곤해서 낮잠을 한숨 자려고 했는데 위층에서 쿵쾅거리는 소리가 끊임없이 났다. 결국 당신은 외투를 걸쳐 입고 위층으로 올라가 인테리어 공사 중인 작업자들에게 한바탕 욕을 퍼부었다.
3) 당신만 빼고 입사 동기들 모두 임금이 올랐다. 화가 난 당신은 상사를 찾아가 따져 물었다.

이러한 갈등의 공통점은 갈등의 원인이 다른 사람에게 있다고 보는 것이다. 다시 말해 자신은 무고한 피해자로 억울하게 갈등 속에 편입되었다고 생각한다. 하지만 나는 여기서 모두가 놀랄 만한 사실한 가지를 명확히 짚고 넘어가고자 한다.

모든 것은 '당신'의 문제다.

자신의 문제 직시하기

왜 이 모든 갈등이 '당신'의 문제인지 궁금한가? 갈등의 당사자도 '당신'이며 그 일에 불만을 느끼는 사람도 '당신'이기 때문이다.

1) 비행기에서 불편함을 느끼는 사람은 당신이다. 계속해서 울어대는 아이 탓에 쉬지 못하는 사람 역시 당신이다. 아이의 어머니는 아이가 우는 것이 지극히 정상적인 일이라고 생각한다. 집에서도 항상 그렇게 울어대기 때문이다.
2) 공사 소리 때문에 잠을 청하지 못하는 사람은 당신이다. 인부들은 늘 자신들이 하던 방법대로 열심히 일하고 있을 뿐이다.
3) 임금이 올라가지 않아 분노와 초조함을 느끼는 사람은 당신이지 상사가 아니다.

모든 것이 '당신'의 문제라는 사실을 인지하면 똑같은 상황이 발생했을 때 전혀 다른 심리 상태로 대면할 수 있다. 나아가 당신의 말투에도 신기한 변화가 일어난다.

1) "아이가 많이 우네요. 제가 도와드릴 일이 없을까요? 저도 애를 키우거든요."

2) "제가 잠을 좀 자야 하는데, 한 시간 정도만 조용히 해주시면 감사하겠습니다."

3) "팀장님, 저도 이제 입사 5년 차인데 아직 배울 게 많은 것 같아요. 한 단계 성장하고 싶은데 어떤 면을 개선해야 할까요?"

바꿔 말하면 아이 어머니에게 화를 내봤자 아이가 우는 문제는 해결되지 않는다. 인테리어 공사도 멈출 수 없고 임금도 올릴 수도 없다. 오히려 더 심각한 갈등을 초래할 뿐이다. 문제의 근원을 상대에게 덮어씌우려고 하면 상대는 더욱 그 책임을 회피하게 된다.

공공장소에서 시끄럽게 떠들거나 다른 사람의 조용한 일상을 망치는 일이 당연하다고 말하는 게 아니다. 교양 있는 사람이라면 자기를 절제할 줄 알고 공공질서와 법규를 지킬 줄 안다. 여기서 말하고 싶은 건, 일단 자신과 다른 사람 사이에 갈등이 생겼을 때 먼저 '혹시 이 갈등이 나의 문제는 아닌가?'라는 점을 짚어보라는 것이다.

친구들 모임에 초대받지 못한 Y의 사례를 다시 짚어보자. 그녀는 자기가 초대받지 못한 것이 친구들의 문제라고 생각했다. 친구들이 자신을 따돌린다고 생각했다. 하지만 그게 진실일까?

이 또한 그녀의 문제다. 모임은 늘 하던 대로 진행되었을 것이며 평소처럼 화기애애했을 것이다. 그렇다면 Y는 M에게 이렇게 말할 수 있었다. "어제 저녁 모임 사진 보니까 진짜 재미있었겠다. 나도 함께했으면 얼마나 좋았을까? 다음번에는 나도 꼭 불러줘!"

자신의 문제임을 자각하면 자기의 바람이나 의견을 말할 때 더는 부정적인 정서가 깃들지 않는다. 이것은 갈등 해결의 열쇠이다.

진짜 의도 확실히 하기

자신이 진짜로 원하는 게 무엇인지 확실히 알기는 쉽지 않다. 앞에서 얘기한 J와 K의 감정적 갈등을 기억할 것이다. K의 진짜 바람은 무엇이었을까?

겉으로는 J가 연락을 자주 하길 원하는 것으로 보인다. 하지만 실제로 그녀가 원하는 건 일종의 안전감과 충분히 확신을 가질 수 있는 친밀한 관계다.

한 강연에서 들은 일화가 생각난다.

"친구가 아주 오래전에 당신에게서 돈을 빌려갔어요. 그런데 계속 갚지 않는 겁니다. 이때 겉으로 보기엔 당신이 원하는 게 돈을 돌려받는 거지만, 자세히 들여다보면 그게 아니라는 걸 알 수 있습니다. 돈은 당신이 원하는 유일한 것이 아닐뿐더러 심지어 별로 중요하지도 않죠. 그런데 당신은 아무리 돈이 많아도 그 돈을 꼭 돌려받고 싶을 겁니다. 왜냐하면 아주 근본적인 생각, 즉 그 친구에게 이용당했다는 사실을 인정하고 싶지 않기 때문입니다."

이런 점에서 보면 비행기에서 진짜로 원한 것은 아이 엄마에게 욕하는 게 아니라 편안하고 쾌적한 환경을 누리는 것이며, 상사에게 임금을 올려달라고 따져 묻는 게 아니라 자신이 더욱 경쟁력을 지닌 사람이 되는 것이다.

이렇듯 진짜 의도가 드러나면 해결 방안을 어렵지 않게 찾을 수 있다. 그 방법이야말로 상대와 합의점을 찾기에 가장 적합하다. 그래서 양쪽 모두에게 득이 되는 최적의 결과를 도출할 수 있다.

습관적으로
남을 부정하는 사람

젊을 때는 하고 싶은 것도, 할 일도 많다. 때로는 하룻강아지 범 무서운 줄 모르고 매사에 겁 없이 달려들고, 가식이나 꾸밈없이 행동하고 거침없이 말하기도 한다. 또 사실에 근거해 시비를 가리는 것이 일의 효율을 높이는 방법이라고 생각해 감정적인 요소를 간과하기도 한다.

그런데 이런 모습이 다른 사람들의 눈에는 습관적으로 남의 말을 부정하는 것으로 보일 수도 있다. 하지만 카리스마를 갖추고 상대방의 감정을 배려할 줄 알면 이러한 오해는 쉽게 풀리며, 일도 효율적으로 처리할 수 있다.

물론 대화가 모든 문제를 해결해주지는 않는다. 하지만 좋은 대화는 문제가 일어나지 않도록 미리 방지한다.

어떻게 하면 상대의 감정을 더욱 배려하고 '습관적으로 남의 말을 부정하는 사람'이라는 꼬리표를 뗄 수 있을까?

'저효율 대화'의 원인

며칠 전 모모가 여자 친구를 데려와 셋이 함께 영화를 보러 가자고 했다. 우리는 한 대형 쇼핑몰로 향했다. 쇼핑몰은 생각보다 커서 영화관을 찾기가 힘들었다. 영화 상영 시간이 코앞으로 다가오자 마음이 급해진 모모가 여자 친구에게 물었다.

"자기야, 대체 여기서 올라가야 해 내려가야 해?"

"지금 올라가고 내려가는 게 문제야? 영화관을 찾는 게 문제지."

여자 친구는 불만 섞인 말투로 대답했다. 내가 옆에 있어서인지 모모는 아무 말 없이 여자 친구를 뒤따라갔다.

영화를 볼 때 모모는 분위기를 풀어볼 겸 이렇게 물었다.

"저 남자 주인공 예전에 〈잠복潛伏〉에 나왔던 사람 아냐?"

그러자 여자 친구가 한심하다는 말투로 대답했다.

"〈잠복〉은 무슨! 〈홍색紅色〉에 나온 사람이잖아!"

아까처럼 그녀는 정감 없고 딱딱한 말투로 대답했다. 일종의 우월감도 서려 있었다.

영화관에서 나와 우리 셋은 한 남성복 매장에 들어갔다. 내가 외투가 필요해 쇼핑몰에 간 김에 한 벌 구매해볼까 해서 들른 거였다. 옷을 이리저리 살펴보던 나는 가격표를 보고 혼잣말로 "비싸네."라고 중얼거렸다. 그러자 옆에서 그 말을 들은 모모의 여자 친구가 가격을 확인하더니 한마디 덧붙였다.

"그냥 비싼 게 아니라 졸라 비싸다!"

나와 모모는 서로를 바라보고 겸연쩍은 웃음을 지은 뒤 매장을 나왔다. 그녀는 나도 오랫동안 알고 지낸 친구였다. 그녀가 정말 착한 사람이라는 건 알지만 그녀의 말투는 모모를 자주 화나게 했다.

"여자 친구랑 말하면 늘 싸움이 날 것 같은 느낌이야. 내가 하는 말마다 전부 부정하고 모든 일에 시비를 걸어."

모모는 나에게 이런 고민을 털어놓았다.

누군가에게는 시비를 가리는 것이 굉장히 중요한 일이다. 그들 세계에서는 모든 일이 옳고 그름, 두 가지로 대립된다. 게다가 그들은 항상 그 둘 중 '맞는' 쪽의 역할만 맡는다. '틀린' 쪽을 맡는다는 건 절대 있을 수 없는 일이다. 혹시라도 자신이 틀렸다면 그것은 자아를 완전히 부정하는 일이라서 이는 존재감의 '죽음'과도 같다.

그런데 시비를 가리는 데 몰두하다 보면 무의식적으로 '내가 너보다 똑똑하다'는 일종의 우월감이 드러난다. 그러면 상대는 자연스레 도발감과 자신이 존중받지 못한다는 느낌, 부정 당한다는 느낌을 받는다. 만약 이런 대화가 자주, 그것도 직장에서 발생한다면 일이 진행되기 어렵다.

한번은 모 회사로부터 '팀원들의 커뮤니케이션 효율 개선'에 관한 프로젝트 요청을 받았다. 나는 먼저 3개 부서의 회의를 방청했고, 운영 부서의 커뮤니케이션에 문제가 가장 많다는 점을 발견했다. 해당 부서 팀원들은 팀장이 회의에서 지시한 대로 일을 처리하지 못하고 있었다. 문제는 팀장의 '저효율 소통' 방식에 있었다.

"○○○ 씨, 그렇게 생각하면 절대 안 돼요."

"그런 식의 행사는 무조건 실패한다고요!"

"XXX 씨, 당신 바보예요?"

"잘 들어요. 다음부터는 절대로 ~해서는 안 됩니다."

"○○○ 씨, 일을 그렇게밖에 못 해요?"

공통점을 발견했는가? 모든 문장이 부정형이다. 관리직에 있는 사람들은 자기가 틀릴 수도 있다는 두려움이 가장 크다고 한다. 다시 말해 다른 사람이 자기의 잘잘못을 따지거나 자기의 권위에 의구심을 갖는 것에 공포를 느낀다. 그래서 그들은 다른 사람의 잘잘못을 지적하는 방법으로 자기의 권위를 증명한다.

하지만 부정적인 말투로 이야기하면 팀원들이 겉으로는 복종하는 것 같아도 속으로는 절대 그렇지 않게 된다. 문제는 팀원들이 마음으로 상사의 지시에 복종하지 못하면 그것을 100% 완전하게 실행하지 못한다는 점이다. 이런 상태가 지속되면 팀 전체의 효율이 떨어지고 서로 간의 불만도 높아질 수밖에 없다. 그런데 이 억울한 '누명'은 항상 팀원들의 몫으로 돌아간다. 관리자 중에서 그것이 모두 자기에게서 비롯된 문제라고 정확히 인식하는 사람은 드물다.

사람과 일 분리하기

커뮤니케이션 과정에서 자꾸 옳고 그름을 따지려는 심리는 우리가 '내 생각'을 '나'라는 자아와 동일시하기 때문에 나타난다. 자기 생각이 틀리면 바로 자기가 부정당했다는 생각으로 연결되기 쉽다. 대화할 때 사람과 일을 분리할 수 있다면 시비를 따질 필요도, 그 속에서 우월감을 찾을 필요도 없어진다. 상황이 완전히 바뀌는 것이다.

내가 아는 클레어 부부는 금슬이 좋다. 나는 클레어가 평소 사용하는 말에서 한 가지 특징을 발견했다. 남편이 하는 말이 아무리 불합리해도 그녀는 그 속에서 어떻게든 합리적인 요소를 찾아낸다. 클레어는 먼저 남편의 감정을 배려하고 그의 존재감을 인정하고 보호해준다. 그런 다음 자기의 관점을 얘기한다. 그러면 남편은 그녀의 의견을 쉽게 받아들인다.

나는 클레어에게 "아니다", "틀렸다", "말도 안 된다" 등의 말을 들어본 적이 거의 없다. 대신 "그 말도 일리가 있네요. 참고로 저는 ~게 생각해요.", "맞아요. 때로는 그렇죠.", "많은 사람이 당신처럼 생각해요. 그런데 저는 이렇게 말하는 사람도 봤어요." 등으로 말한다.

듣기에 매우 편안한 말들이다. 그 부부는 이렇듯 서로를 존중하고 이해하면서 의견을 주고받는 대화를 나눈다.

클레어를 통해 나는 세 가지 중요한 점을 깨달았다.

첫째, 사실성 문제(예: 공전 주기)를 둘러싼 부정적 판단은 크게 문제되지 않는다. 상대가 굴복하지 않으면 사실 근거를 제시하면 된다. 양측이 계속해서 변론을 이어가야 하는 경우라면 말투에 조금의 주의만 기울이면 되겠다.

둘째, 판단성 문제(예: 선거 연령을 낮춰야 하는가?)에 대해 자기의 견해를 밝혀야 하는 경우 절대 다른 사람의 의견을 부정하거나 부정적인 단어를 사용하지 않는다. 먼저 동의의 의견을 표한 다음 자연스럽게 자기의 관점으로 넘어가면 된다.

셋째, 시비를 가리기 힘든 문제(예: 우유를 마시면 몸에 좋은가?)는 섣불리 반박하지 않아도 된다. 먼저 상대의 의견을 확인하면서 '왜 그렇게 생각하는지?', '어떤 근거가 있는지?' 등을 물어보고, 만약 상대의 해석에 일리가 있으면 그 의견을 참고하면 된다. 그런데 상대의 의견을 받아들이기 힘든 경우라면 "다른 사람들도 너처럼 생각해. 그런데 나는 이렇게 생각하는 사람도 봤어." 등의 문장을 사용하는 것이 좋다. 다른 사람의 입을 빌려 자기의 생각을 말하면 대립되는 분위기를 부드럽게 만들 수 있다.

다른 사람을 부정하든 아니면 부정을 당했든, 사람과 일은 분리해서 생각해야 한다는 것을 꼭 기억하기 바란다. 어떤 사건 혹은 일을 부정할 때 결코 사람까지 함께 부정해서는 안 된다.

습관적 부정 해결하기

습관적으로 타인을 부정하는 현상은 정말 많은 문제를 야기시킨다. 다른 사람을 부정하기 좋아한다는 건 지식수준에 한계가 있거나 사고가 매우 편협하다는 방증이다. 이런 사람들의 내면에는 자기를 온전히 수용하지 못하는 심리가 존재한다. 이 문제를 해결하려면 책을 많이 읽고 사람을 많이 사귀어야 하며, 지식수준을 높이고 심리적으로 독립적이고 건강한 개체가 되어야 한다.

이 세상의 수많은 지식과 관점에는 모두 불확실성이 존재한다. 미국의 과학철학자 파울 파이어아벤트Paul Feyerabend는 "지식은 진실이 뒷받침되어야 한다. 그리고 그 진실에는 또 다른 진실이 뒷받침

되어야 한다. 하지만 이 진실들은 서로 상충한다."고 말했다. 고집스
러움을 버리고 자기와 다른 의견, 심지어 반대되는 의견까지 받아들
일 수 있어야 성숙한 사회인이다. 어떠한 문제에 관해 늘 열린 마음
과 여러 관점을 유지해 단편적으로만 사물을 바라보고 이해하는 일
이 없도록 해야 한다. 그리고 더 중요한 것은 그러한 논쟁으로 다른
사람의 감정을 상하게 하는 일이 없어야 한다.

이런 질문만은
제발

"질문이 문제를 해결하는 것보다 중요할 때가 많다."라고 아인슈타인이 말했다.

대화의 고수는 질문의 고수이기도 하다. 질문은 관심과 호기심을 드러내는 방식이자 때로는 자신이 원하는 대로 상대를 움직이게 만드는 방법이다.

누군가와 식사를 하고 싶을 때 많은 사람이 이렇게 묻는다. "요즘 시간 어때? 같이 밥 먹을까?" 그런데 질문의 방식을 조금 바꿔 이렇게도 물을 수 있다. "근사한 이탈리아 식당을 알게 됐어. 그런데 목요일이랑 일요일에만 자리가 있다네. 언제가 더 편해?"

두 질문을 비교해보면 두 번째 방식이 거절당할 가능성이 더 낮다.

그런데 어떤 질문들은 대화의 분위기를 망칠 뿐만 아니라 갈등을 심화하고 관계를 망가뜨리기까지 한다. 일상에서 반드시 피해야 할 두 종류의 질문을 알아보자.

질문으로 자기 생각 덮기

가족 혹은 연인 사이에서 흔히 볼 수 있는 질문들이 있다.

1) "내가 먼저 전화 안 하면 넌 평생 나한테 먼저 안 할 거지?"
2) "오는 길에 애 좀 데리고 올 수 없었어?"
3) "설마 계속 이런 식으로 할 셈이야?"

이런 질문을 통상 반문이라고 한다. 사실 '반문'의 사전적 의미는 그리 특별하지 않다. 하지만 '반문'은 말하는 사람이 이미 자기의 생각을 그 문장 안에 심어놓고 질문하는 방식이다.

1) "내가 먼저 전화 안 하면 넌 평생 나한테 먼저 안 할 거지?"
　➡ "줄곧 네 전화를 기다리고 있어. 네가 날 버리지 않았으면 해."
2) "오는 길에 애 좀 데리고 올 수 없었어?"
　➡ "애 픽업하는 일을 나한테만 맡기지 않았으면 좋겠어."

3) "설마 계속 이런 식으로 할 셈이야?"

　　→ "뭔가 변화를 줘야 해. 계속 이대로 가다간 위험해."

누군가는 왜 이런 식으로 질문하면 안 되느냐고 물을 수 있다. 질문 속에 본심을 숨기는 게 뭐가 잘못됐느냐고 말이다.

이러한 방식의 질문에는 말하는 사람의 격한 감정이 담긴다. 미국의 소통 전문가 더글러스 스톤Douglas Stone은 "질문 속에 생각을 숨기는 방식으로 말하면 듣는 사람은 자기를 향한 비난과 공격에만 집중한다. 그래서 질문 너머에 숨은 상대의 감정과 진심을 알아차리지 못한다. 그들은 어떻게 자기를 변호할까에 온 정신을 집중한다."고 말했다.

그의 말처럼 이런 방식으로 말을 걸면 상대가 보이는 반응은 다음과 같다.

1) "내가 먼저 전화 안 하면 넌 평생 나한테 먼저 안 할 거지?"

　　→ "너도 그동안 안 했잖아!"

2) "오는 길에 애 좀 데리고 올 수 없었어?"

　　→ "당신이 더 가깝잖아. 나는 고객 만나러 가느라 정신이 없었다고!"

3) "설마 계속 이런 식으로 할 셈이야?"

→ "뭐가 어때서? 마음에 안 들면 그만둬. 다른 사람한테 부탁하면 돼."

질문으로 상대를 몰아가는 이유

질문으로 상대의 의중을 떠보는 이유는, 상대의 생각을 반박하거나 공격해 자기는 맞고 상대는 틀렸다는 걸 증명하기 위해서다. 특히 직장에서 이런 질문을 자주 들을 수 있다.

1) "어제는 저더러 너무 완벽주의자라고 하시더니 지금은 세부적인 사항에 이것저것 트집을 잡으시네요? 그렇게 하시면 곤란해요. 일하는 원칙은 있으신 거예요?"
2) "당신 말대로라면 어제 당신이 마지막으로 회사 문을 잠갔다는 거잖아요. 그래놓고 왜 오늘 아침에 사무실에서 물건이 없어졌다고 나한테 뭐라는 거예요?"

이런 질문에는 상대를 향한 원망과 질책이 담겨 있어 매우 일방적이라는 나쁜 인상을 줄 수 있다. 언뜻 질문을 던지는 듯하지만, 사실은 말하는 사람이 자기의 생각이 100% 옳다는 메시지를 전달하고 있다.

1) "당신은 일할 때 이중 잣대를 들이대시네요."
2) "문을 잠그고 갔다는 당신 말은 거짓말이에요. 그렇지 않으면 사무실에 어떻게 사람이 들어와요? 아니면 당신이 훔쳤을 수도 있겠네요."

만약 이런 식으로 질문을 던지면 얻을 수 있는 결과는 단 하나, 갈등의 격화밖에 없다. 충돌이 심해져 원래의 문제를 절대로 원만하게 해결하기 어렵다.

더글러스 스톤은 이런 제안을 했다. "질문을 개방형으로 바꿔라. 문제를 상대와 공유하고 그에 관해 토론하면서 상대의 반응을 살펴라."

그의 제안대로라면 위 질문은 이렇게 바뀔 수 있다.

1) "어제 제게 너무 완벽할 필요는 없다고 하셨죠? 이 제품이 완벽하다고 생각하셨기 때문에 그렇게 말씀하신 것 같아요. 그런데 오늘은 이렇게 많은 개선안을 내놓으셨네요. 이러면 어제 말씀하신 것과 어긋나는 게 아닐까요?"
2) "이런 가능성은 없을까요? 어제 문을 잠그고 나갔다고 하셨지만 실제로는 잘 닫히지 않았던 거죠. 아니면 사무실 열쇠에 문제가 있

었거나……."

대화는 보통 '나선형'으로 진행된다. 사람들은 대화를 나누면서 서로의 감정에 영향을 받으며, 그 감정은 나선 모양처럼 순환되고 반복되는 패턴을 보인다. 한쪽에서 긍정적인 정보를 전달하면 상대 역시 비슷한 반응을 보이고, 그러면 대화 분위기는 점점 긍정적인 방향으로 발전하며 순환한다. 그런데 부정적인 힘은 갈수록 더 커져 공격적이고, 서로를 비난하는 분위기를 극대화하기 때문에 더욱 강력하게 서로를 부정하고 자기를 변호하려 들거나 도망가게 만든다.

'친구 목록'만 부자인
사람들의 착각

혹시 당신도 이런 문제로 고민한 적 있는가? 예를 들어 2~3년 전에 알게 된 친구 한 명이 있다. 그 후로는 SNS에 그가 올린 글을 보고 최근 소식을 알아가거나 가끔 댓글에 '좋아요'를 누르는 정도였다. 이런 식으로만 2~3년을 지냈으면 그 관계는 그 전보다 가까워진 것일까, 아니면 멀어진 것일까?

SNS 메신저가 점점 면대면 교제 방식을 대체하고 있는 건 부인할 수 없는 사실이다. 사람들은 이런 방식을 '고효율' 소통 방식이라거나 인터넷 시대의 필연적인 산물이라고 말한다. 그중에는 자신의 SNS '친구 목록' 안에 있는 사람은 모두 친구로 간주해야 한다고 생각하는 사람도 있다. 더 흥미로운 점은 서로 '좋아요'를 누르는 사이면 그 사람과 매우 친한 사이로 여긴다는 사실이다. 그러니까 그들의 눈에는 '좋아요'나 댓글을 남긴 정도가 곧 그 사람과의 친분을 가늠하는 척도가 되기도 한다.

그런데 정말로 그럴까?

관계를 착각하게 만드는 '친구 목록'

A에게 B는 이런 존재다. 둘은 5년 전에 만났다. 처음에는 함께 노래방을 가거나 서로의 생일도 챙기면서 자주 만나는 사이였다. 하지만 서로 하는 일이 다르고 삶이 다르다 보니 '교집합'이 없어 점점 만나는 횟수가 줄어들었고, 나중에는 SNS에 올라온 서로의 글을 보고 가끔 '좋아요'를 누르거나 댓글을 남기는 정도가 되었다.

그러던 어느 날 아침, A는 갑자기 B가 보낸 메시지를 받았다.

"잘 지내? 혹시 이번 주 일요일에 시간 있어?"

A는 잠시 어리둥절하다가 답장을 보냈다.

"왜? 무슨 일이야?"

그러자 B가 연달아 네 개의 메시지를 보냈다.

"스터디를 하려는데 선생님이 필요해."

"우리 커피숍에서."

"창업 준비하는 친구들끼리 모여서."

"10명이야."

A는 B의 말하는 방식이 다소 불편했다.

"다음에 네 커피숍에 들를게. 스터디는 안 할래."

하지만 B는 포기하지 않았다.

"하자. 돈 낼게."

A는 짜증이 났다.

"돈 받고 하는 거면 더 힘들어. 회사에 휴가도 내야 하고."

그러나 B는 계속 매달렸다.

"그럼 무료로! 나 좀 도와줘. 선생님이 없어."

A는 안 되겠다 싶어 단호하게 답장을 보냈다.

"안 돼. 미안!"

B는 우는 모양의 이모티콘을 보냈고 둘의 대화는 그렇게 끝이 났다.

조금 더 진지한 방법으로 친구 관계 유지하기

이것이 바로 '친구 목록'의 폐단이다. 혹시 당신도 위와 같은 상황을 자주 마주하고 있지는 않은가?

요즘 사람들은 휴대폰을 손에서 거의 손에서 놓지 않는다. 일이 있든 없든 늘 휴대폰 화면을 들여다본다. 온종일 다른 사람들의 SNS를 구경하고, 자기의 글에 누군가가 '좋아요'를 눌러주길 기대한다.

다른 이들의 모임 사진이나 남의 아이 동영상을 보면서 기쁜 일에는 '좋아요'를 눌러주고 슬픈 일에는 격려의 메시지를 남긴다. 그러다 보니 진짜 그들과 함께 있는 듯한 느낌을 받기도 하고 특별한 순간을 함께 공유한다는 느낌을 받기도 한다. 하지만 그건 착각이다.

'일도 너무 바쁘고 스트레스도 많다. 친구에게 시간을 내줄 겨를이 없다. 그 시간에 차라리 집에서 미국 드라마를 보거나 게임을 하겠다'는 게 대도시 사람들의 진짜 마음이다. 대도시에서 십수 년을 살아온 나는 그들의 마음을 충분히 이해한다. 때로는 나조차도 내 삶 살기 바빠 죽겠는데 무슨 정신으로 다른 사람들을 챙겨주고 술을 마시겠냐는 생각을 하기 때문이다. 정말로 친구들 도움이 필요하면 메시지를 보내거나 전화를 하면 그만이다. 따로 약속을 잡고 만나려면 돈도 들고 시간도 들지 않는가?

어떤 방식으로 친구를 사귈지는 개인의 자유다. 하지만 알아둘 것이 하나 있다. 휴대폰으로만 교제를 하려면, 누군가에게 부탁을 하거나 만남을 요청할 경우 언제든 거절당할 마음의 준비가 되어있어야 한다. 이유는 간단하다. 당신은 가장 적은 비용을 들여 우정이라는 귀중한 것을 얻으려는 심산이지만 상대는 결코 그럴 생각이 없다. 반대로 만일 그 관계를 위해 충분한 시간과 노력을 들이면 상대 역시 자기가 줄 수 있는 것으로 당신에게 보답할 것이다. 좋은 감정은 조금씩 자라난다. 이는 시간과 노력이 필요한데 휴대폰으로는 대체하기 어려운 요소들이다.

친구와 우정을 쌓는 데 모든 시간을 쏟으라는 말이 아니다. 그건 가능한 일도 아니고 또 그럴 필요도 없다. 다만 얼굴을 보고 만날 때나 메신저를 보낼 때 '더 진지한' 방식으로 소통해야 한다. 그런 방식으로 교제해야만 친구와의 우정 혹은 감정을 오랜 시간 지속할 수 있다. 그리고 이 시간이 오래 지속될수록 그 관계를 다시 시작하기 위해 쏟아야 할 비용 혹은 대가가 줄어든다.

A와 B의 우정은 일찍이 바닥난 것이나 다름없었다. 둘은 그 관계를 지속하기 위해 새로운 활력을 불어넣지도 않았고, 심지어 서로가 그 관계에 별로 흥미나 아쉬움이 없다는 사실조차 모르고 지냈다. 이런 상황에서 갑자기 도움을 청하면 거절당하는 건 당연한 일이다. B는 이런 경우 관계를 다시 시작해야 한다는 사실을 잘 몰랐다. 오래도록 만나지 않은 친구는 그저 '목록'에 있는 사람 중 하나일 뿐 더는 그 무엇도 아니라는 걸 잘 알지 못했던 것 같다.

착각의 관계에서 벗어나기

삶은 우리에게 익숙한 방식으로 흘러가지만은 않는다. 가끔은 누군가의 도움을 받아야 할 때도 있다. 그런데 그 사람과 그렇게 친한 사이가 아니라면, 그때는 어떻게 해야 할까? 차라리 도움을 받지 않는 게 상책일까?

이직 준비를 하던 C는 1년 전에 알게 된, 인사팀에서 근무한다던 한 친구가 생각났다. 그녀는 메신저에서 그 친구의 이름을 찾아 이런 메시지를 보냈다.

"언니, 안녕하세요? 정말 오랜만이네요. 저를 기억하시는지 모르겠어요. 오랫동안 연락을 못 드렸네요. 방해되었다면 정말 죄송합니다. 다름이 아니라 제가 이직을 준비하고 있어요. 3년 동안 디자인 회사에서 일했는데 시간이 갈수록 즐겁지 않아서 이제 회사를 옮기려고요. 제 기억으로는 언니가 온라인 회사에서 근무하신다고 알고 있어요. 그리고 언니는 제가 아는 사람 중 인사 부문에서 가장 전문적인 사람이기도 하고요. 그래서 언니에게 이런저런 상담을 드리고 싶어서 이렇게 용기를 내어 연락을 드렸어요. 직접 만나서 얘기하면 더할 나위 없이 좋을 것 같아요. 저는 평일에는 퇴근 후, 주말에는 모두 시간이 있어요."

얼마 뒤 러러는 답장을 받았다. 상대는 흔쾌히 러러의 부탁을 받아들이고 약속 시간을 정했으며, 커리어에 관해 많은 조언을 해주었다. 그리고 러러는 그 회사에 입사했다.

똑같이 SNS로 오랫동안 연락하지 않았던 친구에게 연락해 부탁을 했는데, C는 원하는 것을 얻었고 B는 거절당했다.

B의 가장 큰 실수는 처음부터 끝까지 솔직하지 못했다는 점이다. 두 가지 부분에서 특히 그랬다.

첫째, 말장난하듯 몇 번의 함정을 파놓았다.

"잘 지내?"

"혹시 이번 주 일요일에 시간 있어?"

이 두 마디가 바로 함정이다. B는 자신의 진짜 목적을 감추고 상대에게 질문을 던졌다. 이러면 상대는 자기가 어떤 대답을 하든 불리한 위치에 놓일까 봐 불안한 마음이 든다.

둘째, B는 자신의 진짜 의도를 정확하게 전달하지 않았다. 애매한 말투로 상대의 반응을 살펴가면서 '조각' 정보를 던졌다. 그 정보가 상대에게 정확히 어떤 영향을 미치는지 판단하기 어렵게 만들어 자기 뜻대로 상대방을 조정하려고 했다.

부탁하는 입장이라면 더더욱 상대를 존중하는 말투를 사용해야 한다. 또 상대의 중요성, 심지어 다른 것으로는 그를 대체할 수 없다는 점을 강조할 필요가 있다. 그런데 B는 정반대였다. 오로지 자기의 요구사항만 늘어놓았고, 부탁하는 사람의 태도라고 보기 어려운 말들을 했다.

　"선생님이 필요해."
　"돈 낼게."
　"하자."
　"나 좀 도와줘."

　B의 말투는 전부 명령식이었다. 가뜩이나 오랫동안 연락하지 않고 지낸 사람에게 부탁하는 마당에 이런 명령식 말투를 사용하는데 어떻게 성공할 수 있겠는가?
　반대로 C는 상대에 대한 존중과 칭찬을 적절히 사용했다.
　그녀는 먼저 "오랫동안 연락을 못 드렸네요. 방해되었다면 정말 죄송합니다."라는 말로 예의를 갖췄다. 그런 뒤 "언니는 제가 아는 사람 중 인사 부문에서 가장 전문적인 사람이기도 하고요"라는 말로 상대의 중요성을 강조했다. 그리고 마지막으로 그녀는 계속해서 낮은 자세를 유지했다. "언니에게 이런저런 상담을 드리고 싶어서 이렇게 용기를 내어 연락을 드렸어요. 직접 만나서 얘기하면 더할 나위 없이 좋을 것 같아요. 저는 평일에는 퇴근 후, 주말에는 모두 시간이 있어요"라는 말에서 그 마음이 충분히 드러난다.

C는 순조롭게 상대의 호감을 얻어냈다. 그것은 예의 바른 메시지 덕분만이 아니었다. 나중에 들으니 비록 몇 번 만나지는 않았지만 그 언니의 새로운 글이 올라올 때마다 진심 어린 댓글을 남겼다고 했다. 그 언니는 그녀의 댓글에 관심이 많았고, 그녀와 말이 잘 통한다며 메신저로 대화하는 걸 좋아했다고 했다.

그렇다. 아무리 상대의 글에 '좋아요'를 눌러도 다른 사람들과 한데 섞여 큰 인상을 남기지 못한다. 진심 어린 댓글이 마음에 남고 좋은 인상을 남긴다. 앞에서 말했던 것처럼 '더 진지한' 방식으로 교제해야만 친구와의 감정 혹은 우정을 오랜 시간 지속할 수 있다.

혹시 '소통의 함정'에
빠진 건 아닐까?

정신없이 바쁜 오전 시간을 보내고 잠깐 눈을 붙일 생각에 휴대폰을 침대 머리맡에 두고 누웠는데 진동 벨이 울렸다. '시간 날 때 전화 좀 줘요. 010-XXXX-XXXX.'

메시지를 보낸 사람은 2년 전에 한 수업에서 만난 여성이었다. 아예 모르는 사이는 아니지만 그렇다고 잘 아는 사이도 아니었다. 짧은 수업 과정이 끝난 후 한 번도 따로 만난 적이 없으니 말이다. 사실 이런 관계가 대인관계의 대다수를 차지한다.

외모로 보나 말투로 보나 그녀는 나보다 열 살은 많아 보였다. 그래서 나는 처음부터 그녀를 '선생님'이라 칭했다.

방금 말했지만 2년 전 수업 이후로 한 번도 그녀를 만난 적이 없었다. 그저 '페이스북'에 가끔 올라오는 그녀의 새 글을 지나가다 보는 정도였다. 당황스럽기도 하고 혹시 메시지를 잘못 보낸 건 아닐까 하는 생각도 했다. 그러는 사이 이미 마음은 불쾌감으로 물들었다. 존중받지 못하는 느낌이었고, 강제로 어떤 상태에 말려 들어가는 것 같은 기분 나쁜 느낌이 들었다.

나는 불쾌한 감정을 최대한 누른 채 전화를 걸었다. 전화가 연결되자 내가 아는 그녀의 까랑까랑한 목소리가 들려왔다. '까랑까랑'이라는 어휘가 어쩌면 정확하지 않을 수도 있다. 어쨌든 내 느낌은 그녀가 그런 목소리로 일종의 친절함을 드러내려고 하는 것 같았다. 나아가 '나는 당신과 친하다'는 느낌을 내게 전해주고 싶어 하는 것 같았다.

그녀는 재빨리 2년 전, 우리가 처음 만났을 때의 느낌을 재현하려는 듯했다. 솔직히 말해 머리로 생각하면 아무리 연락을 하지 않고 지냈어도 일단 그렇게 연락이 되면 처음 만났을 때처럼 친절하고 상냥하게 말해야 했다. 하지만 가슴이 따라주질 않았다. '그게 어떻게 가능해?'라고 말하고 있었으니 말이다. 진짜 그렇게 한다면 자신을 기만하는 것 같았다.

전화기 너머로 그녀의 목소리가 들려왔다. "이번에 책 냈지? 나한테는 언제 선물할 거야?"

분명히 말하는데 난 인색한 짠돌이가 아니다. 첫 번째 책이 나왔을 때 사비를 들여 친구들에게 정말 많이 사주었다. 물론 '친구'라고 부를 수 있는 사람들에게 그랬다.

전화를 하자마자 책을 '갈취'하려는 그녀의 행동에 나는 놀라움을 금치 못했다. 불쾌함은 점점 더 커졌다.

"이 선생님, 지금 저한테는 책이 없습니다. 출판사에서 증정본을 스무 권 줬는데 이미 지인들에게 다 선물했어요."

나는 합리적인 이유를 찾아 최대한 예의 바르게 대답했다. 그리고 정말 그게 사실이기도 했다.

"아, 책이 없다고요? 그럼 매진된 거야?"

그녀의 말투는 친절함에서 의심으로 변했다.

"아니요, 매진이 아니라 지금 저한테 남은 여유분의 책이 없다는 말입니다."

나는 최대한 가벼운 말투로 이 난처한 상황을 벗어나고자 했다.

"그럼 책이 다시 생기면 나한테도 한 권 보내줘!"

그녀는 포기하지 않고 말했다.

"네, 알겠어요."

나는 인내심을 발휘해 대답했다. 그렇게 통화가 끝났다고 생각했지만 이어지는 그녀의 말이 내게 연락한 진짜 이유라는 사실을 알게 됐다.

"아 참, 그리고 한 가지 더 있는데 말이야. 내가 아는 친구 중에 이제 막 대학 졸업하는 애가 있는데 자기네 회사 실습생으로 좀 넣어줘."

조금도 과장하지 않고 그녀의 말투는 이제 부하 직원에게 분부를 내리는 '상하 명령'식으로 변해있었다. 그러나 나는 계속 예의 바르게 대답하려고 애썼다.

"이 선생님, 죄송해요. 회사는 일찍이 그만둬서 도와드릴 수가 없겠네요. 회사에 다니고 있었대도 그건 도와드릴 수 없었을 거예요. 저를 너무 과대평가하셨나 봐요."

그 말이 끝나자마자 나는 불만의 목소리를 들었다.

"그래서 못 도와준다고? 알겠어."

그런 다음 우리는 간략하게 몇 마디를 더 나누고 전화를 끊었다. 정말 사람을 심란하게 만드는 통화였다.

별로 친하지도 않은 데다 2년 동안 연락 없이 지내던 사람이 갑자기 연락을 달라는 메시지를 보냈다. 그러더니 다짜고짜 자기에게 필요한 물건을 요구하더니 명력 투로 도와달라고 했다. 내가 도와줄 수 없다고 하자 불편한 마음을 여과 없이 드러냈다.

그녀는 통화를 하면서 계속 내게 이런 메시지를 전달하고 있었다. '너는 내게 빚을 졌어.', '너는 마음의 가책을 느껴야 해.', '너는

불친절하고 다른 이를 도와주지도 않는 냉정한 사람이야.'

그런데 천만 다행히도 나는 소통에 관해 공부한 사람이었다. 그렇지 않았다면 정말로 그런 부정적인 생각에 휩싸였을 것이다. 내가 보기엔 위의 사례가 전형적인 '관계의 함정'이자 '소통의 함정'이다.

그럼 '소통의 함정'이 가져오는 폐해에 관해 살펴보도록 하자.

소통의 함정

이는 일종의 대인관계 전략이다. 보통 한쪽에서 먼저 시작하면 대화가 진행되면서 상대방도 천천히 따라오다가 결국 두 사람이 모종의 대화 틀에 갇힌다. 함정을 만드는 쪽은 상대의 감정적인 약점을 잡아 자기의 생각대로 움직이게 하는 게 목표다. 만일 상대가 부탁이나 요구를 거절하면, 그를 불안하게 만들고 죄책감을 느끼게 하거나 심지어 자기에게 빚을 졌다는 착각을 하게 한다. 다시 말해 함정을 만드는 사람의 목표는 상대가 전혀 부담할 필요 없는 책임과 압박을 느끼게 만드는 것이다.

함정을 만든 사람은 이로써 자기가 모종의 심리적 우위를 지닌다고 생각한다. 하지만 관계의 질로 따지자면 '소통의 함정'은 건강하지 못한 대화 전략으로 좋은 인간관계를 만드는 데 독이 된다. 이와 관련한 예는 셀 수 없이 많다.

1) 전업주부인 아내를 이렇게 비난하는 남편들이 있다. "돈도 안 벌고 집에 있으면 청소라도 제대로 할 줄 알아야지!"

   - 남편은 '소통의 함정'으로 부인에게 죄책감을 심어준다. 모든 집안일을 아내에게 전가하려는 것이다.

2) 남편의 관심을 더 많이 받으려고 자기의 몸 상태나 생활에 대한 불만족을 과장해서 말하는 부인들이 있다. "내가 지금 아파 죽겠는데 집에 빨리 안 오고 뭐 해요?"

   - 부인은 '소통의 함정'으로 남편에게 죄책감을 심어준다. 남편이 언제 어디서든 자신을 중심으로 살게 하려는 것이다. 또 자기의 행복 여부에 대한 책임을 모두 남편에게 전가하려는 의도다.

3) 외지에서 일하는 자녀가 명절을 맞아 집에 오면 불만 섞인 목소리로 말하는 부모들이 있다. "도시에 가서 그렇게 오랫동안 있었으면서 아직도 배우자 하나 못 찾아오니?"

   - 부모는 '소통의 함정'으로 자녀에게 죄책감을 심어준다. 자기 체면을 세우고 결혼하지 못한 모든 책임을 자녀에게 전가하려는 의도다.

4) 친구 사이에도 '소통의 함정'은 자주 나타난다. "야, 이렇게 오랫동안 알고 지내면서 내가 언제 너한테 어려운 부탁한 적 있냐?" 혹은 "이것도 안 도와주면 넌 진짜 친구도 아니다"라고 말하는 게 대표적인 예다.

'소통의 함정'이 발생하는 이유

미국의 심리학자이자 세계적으로 공인된 인격 전문가 번스타인 Bernstein 박사는 '소통의 함정'이 발생하는 원인은 과잉 의존 때문이라고 보았다. 심리학자들은 과잉 의존의 유형을 다음의 네 가지로 정리했다.

1) **무기력형**: 허약하고 늘 관심과 사랑이 필요한 척한다. 어린애처럼 행동하고 미성숙하다.

2) **위협형**: 상대를 협박해 관계를 이어가는 유형이다. (예 "나랑 이혼하면 죽어버릴 거야.")

3) **은폐형**: 항상 아픈 척하고 기분이 안 좋은 척한다. 때로는 진짜 기분과 가짜 기분을 구별하기 어려워 그 사람이 이런 종류의 의존증이 있다는 사실을 잘 알아채지 못한다. 앞에서 소개한 이 선생님이 바로 이런 유형이다.

4) **충돌형**: 비상식적이고 예측하기 어려운 행위를 반복한다. 독립적이고 성숙하며 철든 것처럼 보이다가도 돌연 다른 사람을 협박하는 모습을 보인다. 이런 사람과 어울리는 건 매우 힘든 일이며, 때로는 '학대' 받는다는 느낌을 준다.

의존증은 대인관계, 특히 두 사람이 이루는 관계에 심각한 피해를 준다. 건강하고 아름다운 관계를 맺고 싶다면 자신은 물론 상대에게서 나타나는 과잉 의존을 극복할 방법을 배워야 한다. 앞에서 소개한 사례의 이 선생님이 내게 이런 식으로 부탁했다면 어땠을까? "대학생이 장 선생 회사에 들어가서 실습하려면 어떻게 해야 하나? 혹시 회사 담당자에게 물어봐줄 수 있을까? 내가 아는 한 친구가 있는데 좀 도와주고 싶어서." 이렇게 말하는 게 "내가 아는 친구 중에 이제 막 대학 졸업하는 애가 있는데 자기네 회사 실습생으로 좀 넣어줘"보다 훨씬 듣기 좋지 않은가?

제4장

소심하다고
말까지 못할 수는
없잖아요

진짜 우리의 적은 우리 자신이다.

- 자크 베니뉴 보쉬에

벌거벗은 말에
옷을 입히자

"엄마, 저쪽으로 가. 내 베개잖아."

"엄마, 왜 나한테 다른 아빠를 사주지 않아?"

"아빠, 할머니가 오늘 아침에도 아빠 흉봤어."

아이들은 본 대로 말한다. 솔직하게 말하는 건 어른들이 용기를 주지 않아도 알아서 해낸다. 이는 아이들이 지닌 천성이기도 하며, 어릴 때는 이런 모습이 순진하고 귀엽게 보인다.

그러나 철이 들면 깨닫게 된다. 아무데서나 직설적으로 말하면 대가를 치르게 된다는 사실을 말이다. 심하면 인생 앞길을 망칠 수도 있다. 아무리 좋은 마음으로 한 말이라도 그렇다. 이렇게 말하는 사람은 어딜 가나 환영받지 못한다. 왜일까? 직설화법은 실상을 정확히 드러내기도 하지만, 사실을 왜곡시키기도 하기 때문이다. 직설화법은 옷을 걸치지 않은, 벌거벗은 몸과 같다.

말에 옷을 입히는 일은 '거짓말'과는 차원이 다르다. 이는 말에 설득력을 더하고 사람과 사람 사이의 거리를 좁히는 역할을 한다.

진짜 의도 확실히 하기

말에 옷을 입히기 전에 우선 상대에게 하고 싶은 말이 무엇인지를 확실히 해야 한다. 입 밖으로 내뱉은 말이 진심과는 영 다를 때가 많기 때문이다.

조금 통통한 친구와 함께 옷가게에 갔다. 친구가 옷 한 벌을 골라서 갈아입고 나왔다. 하지만 그 옷은 친구에게 어울리지 않았다. 조금 뚱뚱해 보이기까지 했다. 그래서 당신은 친구에게 이렇게 말했다. "그걸 입으니까 더 뚱뚱해 보여!"

이렇게 말하면 친구는 상처를 받는다. 말하는 사람이 '더 뚱뚱하다'는 데 중점을 두고 있기 때문이다. 그러니까 그 말을 들은 친구는 '지금 내가 뚱뚱하다고 놀리는 거야?' 혹은 '내가 이 옷을 입을 만한 몸매가 아니라는 거지?'라고 생각할 수 있다.

하지만 상대방을 일부러 난처하게 만들 생각이 아니고서야 조롱과 비난 섞인 말을 할 사람은 거의 없다. 단지 말하는 방식이 적절하지 못해서 상대가 그 진심을 오해할 뿐이다.

그렇다면 어떻게 해야 진심을 잘 전달할 수 있을까? 위의 경우에는 "이 옷은 네게 어울리지 않는 거 같아"라고 말해야 한다. 즉, 중점을 상대의 몸매가 아닌 옷에 두는 것이다. 발을 깎아서 억지로 신발에 끼워 맞추려 하지 말고 객관적인 사실을 존중해주면 된다. 친구가 아무리 그 옷을 입고 싶다고 해도 하루아침에 살을 뺄 수 있는 건 아니다. 다이어트는 일련의 과정이 필요하다.

그러므로 핵심은 '옷'을 가지고 문장을 어떻게 꾸미는가에 달려 있다. 주제를 옷에 집중시켜보자. "이 옷은 그냥 그래. 네 분위기를 받쳐주지 못한다"라거나, "이 옷은 좀 노숙하다. 너는 요즘 유행하는 활력 넘치는 옷이 더 잘 어울려"라고 말해주는 것이다.

이런 말들은 친구는 '높이고' 옷은 '낮추는' 역할을 한다. 나는 이것을 '시소 법칙'이라고 부른다.

'시소 법칙'을 이용하라

말할 때 시소를 상상하며 사람과 일을 분리해서 한쪽에는 사람, 한쪽에는 일을 앉혀보자.

직설화법으로 말할 때 자주 실수를 저지르는 이유는 습관적으로 '일' 또는 '사건' 쪽이 위로 올라가게 하기 때문이다. 그러면 반대편에 앉은 '사람'은 낮아질 수밖에 없다.

더 현명하게 말하기 위해서는 이와는 반대로 사람을 높이고 일을 낮춰야 한다.

예를 들어 상사가 당신에게 "대체 일을 어떻게 한 거야? 왜 이 지경이 되도록 만들었어?"라고 했다고 치자. 이는 잘못을 매우 직접적으로 질책하는 표현법이다.

'시소 법칙'을 이용한다면 이렇게 말할 수 있다. "이 일이 참 까다롭지? 어떤 점이 제일 어려운가?" 이는 '일'을 질책하면서 '사람'을 높이는 화법이다.

'시소 법칙'은 일종의 말하기 전략이다. 말로써 상대의 행동을 자신의 예측대로 변화시키겠다는 의도가 숨겨져 있다. 이것이 소통의 진짜 의도이기도 하다.

위 예문을 다시 인용해보자. 상사는 당신이 그 일을 망쳤다는 걸 지적하려는 게 아니다. 가급적 빨리 문제를 해결할 능력을 갖추어 혼자서도 순조롭게 일을 처리하게끔 만들려는 게 진짜 의도다. 그러니 도저히 화를 참기 힘든 상황에 부딪혔다면 '시소 법칙'을 시도해 상대에게 어떤 변화가 일어나는지 살펴봐라.

내성적인 사람도
유능한 세일즈맨이 될 수 있다

"소심하고 내성적인 사람도 영업을 할 수 있을까요?"

내가 자주 받는 질문들이다.

"저는 소심하고 내성적인 사람입니다. 심지어 조금 폐쇄적인 경향도 있어요. 그런데 먹고살기 위해 어쩔 수 없이 판매직에 종사하고 있습니다. 이 일을 시작한 지 석 달쯤 지났습니다. 하지만 너무힘듭니다. 그중 가장 어려운 건 사람들과 대화하는 일이에요. 일단고객이 제 말을 막거나 반문을 제기하면 머릿속이 하얘져서 아무런말도 하지 못합니다. 지금이라도 포기하고 싶은데 또 그럴 수가 없네요. 어떻게 하면 좋을까요?"

한 여성이 내게 보내온 사연이다.

나는 이 세상에서 제일 어려운 직업이 세일즈맨이 아닐까 생각한다. 제품의 종류를 막론하고 각양각색의 고객을 상대해야 하기 때문이다. 그중에는 몰지각한 사람, 말이 안 되는 요구를 하는 사람, 온갖 욕설로 인신공격을 하는 사람도 있을 것이다. 세일즈맨들은 온갖 수모를 견뎌야 한다.

그런데 그건 빙산의 일각이다. 세일즈맨들에게 가장 큰 도전은 자신이 파는 제품을 고객이 좋아하도록 만드는 것이다. 다른 말로 하면 손안에 있는 제품을 빠른 시간 안에 팔아넘기는 것이다. 생전 처음 보는 낯선 사람을 만났는데 그 사람이 제품을 구매할 의사가 있는지, 그의 구체적인 요구사항은 무엇인지, 취향은 무엇인지를 빠르게 알아내야 한다. 이것은 이제 막 판매업에 발을 들인 사람에게는 커다란 난관이 아닐 수 없다. 소심하고 내성적인 사람이라면 문제는 더욱 심각하다.

지금까지 우리는 사람들의 성격을 외향적 혹은 내성적 두 가지로 단순화시켜 이해했다. 외향적인 성격은 말이 많고 열정이 가득하지만, 내성적인 성격은 과묵하고 반응이 느리다는 것이 보편적 인식이었다. 그러나 이런 이분법적 사고로 말미암아 사람들이 자기를 인식하고 평가하는 데 많은 오해가 생겼다.

실제로 내성적인 사람도 열정이 넘치며 소통에 능할 수 있고, 외향적인 사람은 그 성격 때문에 오해가 생기고 쉽게 감정적으로 변할 수 있다. 다시 말하면 외향적인 성격이 장점이 될 수는 있지만 세일즈맨의 필수 조건은 아니라는 뜻이다. 세일즈맨의 핵심 요소는 고객의 문제를 해결하는 능력을 갖추는 것이다.

소심하고 내성적인 사람과 대화할 때 기억할 점

하루는 여행용 가방을 사러 쇼핑센터에 갔다. 몇 군데 돌아보다 A 매장과 B 매장에 들어갔는데 두 군데 종업원의 판매 방식이 완전히 달랐다. 먼저 A 매장에 들어가 가방 하나를 골라 이리저리 보려고 하던 찰나 종업원이 다가왔다. 아직 내가 가방에 관해 물어보기도 전에 그녀는 입구에서부터 걸어오면서 가방의 기능과 가격, 장점 등을 설명해주었다. 다른 가방을 들자 그녀는 똑같은 방식으로 설명해주었다. 아마도 내가 진짜로 가방이 필요하다는 사실을 직감적으로 알아챈 모양이었다. 그래서인지 말수도 훨씬 많아졌고, 그 가방이 얼마나 좋은지를 반복적으로 강조했다.

처음에는 그녀가 매우 열정적이라고 생각했지만 조금 지나자 불편한 마음이 들었다. 내가 한마디 물어보면 그녀는 끝나지 않을 것 같은 긴 대답을 쏟아놓았다. 사실 고객의 질문에 열정적으로 대답해주는 건 그 물건을 판매하기 위해 열심을 다하고 있다는 뜻이다. 그러나 매장에 10분 정도 있었을 뿐인데도 나는 그런 강압적인 판매 방식에 반감이 생겼고 구매 의사도 완전히 사라졌다.

다음으로 들어간 B 매장의 종업원은 전혀 달랐다. 그녀는 내게 구매를 강요하지 않았다. 내가 한 제품에 관해 물어보자 그 질문에 관해 대답해주었을 뿐이다. 물론 기계적인 대답이 아니었다. 미소를 띤 채 조용히 내 옆에 서서 내게 필요한 정보를 알려주면서 가방을 열어 그 안의 구조가 어떤지를 보여주었다. 또 내가 구체적으로 원하는 것이 무엇인지 물어보고 그에 맞게 자세히 설명해주었다. 가장 인상 깊었던 점은 내가 지금 사용하는 가방이 고장 나서 새로운 가방을 사고 싶다고 말하자, "그럼 가방을 매장으로 가져와 보세요. 고칠 수 있는 건지 봐드릴게요. 만약 다른 데 문제가 없으면 사실 새로 구입할 필요 없으시잖아요"라고 대답해준 것이다. 마지막으로 그녀는 그래도 꼭 사야 한다면 며칠 뒤 쇼핑센터에 세일 행사가 있을 예정이니 그때 다시 와서 구매하라고 알려주었다.

나는 30분 만에 전혀 다른 두 종류의 경험을 했다. 두 매장 모두 여행용 가방을 파는 곳이었고, 종업원은 모두 여성이고 나이도 비슷했다. 하지만 고객을 대하는 방법이 완전히 달랐다. A 매장의 종업원은 정말 열심히 제품을 소개했다. 그녀의 말재주를 부정하지는 않겠다. 말도 유창하고 태도도 매우 적극적이었다. 딱 봐도 외향적인 성격이었다. 내가 매장에 들어갈 때부터 나올 때까지 그녀는 쉬지 않고 말했다. 제품에 관한 이야기를 하나도 빠짐없이 고객에게 전달해야 한다고 본사에서 교육을 받은 듯했다. 한편 B 매장의 종업원은 경험이 많아 보였고 신뢰가 갔다. 물건을 팔려고 조급해하지도 않았고 차분하게 나의 요구사항과 예산을 물어본 뒤 소비자의 관점에서 설명해주었다. 나는 그녀가 본사에서 내린 판매 임무를 소비자에게 강요하고 있다는 느낌을 전혀 받지 못했다. 심지어 판매원이라는 신분을 잊은 게 아닌가 하는 착각까지 들었다. 그녀는 진심으로 나의 구체적인 문제를 해결해주었고, 그 문제를 해결하는 게 가방 하나를 판매하는 것보다 훨씬 중요하다는 느낌을 주었다. 여기까지 읽었으면 내가 어디서 가방을 구매했을지 말하지 않아도 알 수 있을 것이다.

나는 판매직에 종사한 적도 없고 세일즈 토크에 관한 교육을 받아본 적도 없다. 하지만 매일 수많은 세일즈맨을 만나고 그들과 교류한다. 그러면서 깨달은 한 가지 단순한 원리가 있다. 고객이 싫증을 느끼게 하는 세일즈맨은 제품을 판매할 수 없다. 고객의 수요를 무시한 세일즈맨은 고객의 마음을 얻을 수 없다.

거래할 때 고객이 가장 관심을 두는 요소는 두 가지, 가격과 서비스다. 이것이 소비자의 최고 수요이기도 하다. 세일즈맨이라면 내성적이든 외향적이든 이 핵심 수요를 능동적으로 해결하고 만족시켜주어야 한다. 그러면 우수한 세일즈맨이 되는 것은 시간문제다.

고객을 만났을 때는 말을 하기 위해 말하지 말고, 어떻게 하면 그들의 수요를 만족시킬 수 있을지를 고민해야 한다. 이것이 충족되지 않는다면 아무리 말재주가 좋아도 소용없다.

세일즈맨을 위한 세 가지 제언

지금 판매직에 종사하고 있거나 그럴 계획이라면 다음의 몇 가지 제언을 기억해두길 바란다.

첫째, 당신이 판매하는 제품이 무엇이든, 고객을 설득하는 방법이 몇 가지든, 가장 먼저 고객의 신뢰를 얻어야 한다. 당신이 얼마나 능력 있고 열정 있는 사람인지, 그 능력과 열정으로 얼마나 그의 문제를 해결해주고 서비스를 제공하고 싶어 하는지 느끼게 해주어야 한다. 고객의 지갑을 여는 데 급급해하기보다는 그를 친구로 만들어라.

둘째, 전문성을 갖춰야 한다. 제품에 대한 배경 지식이나 전문 지식 없이는 고객의 궁금증을 해결해줄 수 없다. 고객에게 가장 적합한 제품을 추천해줄 수 없는 건 말할 것도 없다. 많은 경우 전문성은 설득력을 가진다. 또 전문성은 '나는 이 제품을 당신보다 더 잘 알고 있다. 그리고 당신의 수요가 무엇인지 안다'는 메시지를 전달한다. 전문적인 세일즈맨은 실수를 줄여주고 결정을 내릴 시간을 절약해준다.

셋째, 고객이 아무리 막무가내로 굴더라도 감정적으로 대응해서는 안 된다. 차라리 무시하거나 아무런 대꾸를 하지 않는 게 자기를 변호하거나 말로 공격하는 것보다 낫다. 너무 바보같이 참기만 하는 것 아니냐고 물을 수 있지만, 이것은 판매직에 종사하는 사람들이 지녀야 할 직업적 소양이자 좀 더 현명한 대처법이다. 당장은 그 거래가 성사되지 않을 수 있지만 그 고객을 영원히 잃어버린 것은 아니다. 감정을 절제하고 처리하면 다음번에 다시 기회를 얻을 수 있다.

칭찬의 가치에
관하여

사람은 칭찬을 먹고 산다고 해도 과언이 아니다. 칭찬이 사람의 마음을 기쁘게 하기 때문이다. 칭찬은 대인관계에서 윤활유 역할을 한다. 우리는 다른 사람의 칭찬이 필요하며, 우리 역시 다른 사람을 칭찬할 줄 알아야 한다.

그런데 그 이면에 숨겨진 사실이 하나 있다. 우리가 다른 사람을 칭찬하는 이유는 자신이 원하는 목표에 더 빨리 도달하기 위해서라는 점이다. 바꿔 말하면 칭찬은 상대를 통제하기 위한 하나의 수단이다. 그래서 사람들을 만나다 보면 종종 진심이 담기지 않은, 허울뿐인 칭찬을 듣기도 한다. 그러다 보니 칭찬이 '대인관계 필수품'이 되어버렸다. 심지어 어떤 칭찬은 경각심을 풀어주는 '사탕발림'이 되어버리기까지 했다.

진짜 칭찬은 사실에 근거한다

칭찬을 논하려면 먼저 소통의 의미를 살펴보아야 한다. 소통은 심리학적으로 중요한 의미를 지닌다. 즉, 사람은 다른 사람의 반응을 통해 자기를 평가하며 천천히 자아를 형성한다. 칭찬은 긍정적인 자아를 형성하는 데 중요한 역할을 하며, 건강한 성격과 자아를 형성하는 데 유리하다. 이런 의미에서 보면 칭찬은 단순한 '대인관계 필수품'이 아니라 상당히 높은 가치를 지닌 이타적인 행위다. 어떻게 하면 평소 사용하는 언어에 이타적 행위를 잘 반영할 수 있을까?

복잡하지 않다. 그저 사실을 말하면 된다.

진짜 칭찬은 모두 사실에 근거한다. 터무니없는 것에 근거한 칭찬은 '말장난'에 불과하다.

다음 두 문장을 비교해보자.

1) "당신은 정말 아름다워요. 한 편의 서정시 같아요."
2) "당신을 처음 봤을 때 귀여운 얼굴과 찰랑거리는 긴 머리에 반했어요."

한눈에 보기에도 두 번째 칭찬이 더 진실되게 느껴지지 않는가? '귀여운 얼굴'과 '긴 머리'라는 사실적 요소가 가미되었기 때문이다.

하지만 위의 두 문장에는 공통의 함정이 있다. 말하는 사람의 느낌이 빠져 있다는 점이다. 말하는 사람의 느낌은 사실에 근거해 나타난 심리적 반응을 말한다. 그래서 사실은 원인이 되고 느낌은 결과가 된다. 사실만 있고 느낌이 없으면 칭찬이 딱딱하게 느껴진다.

쉽게 말하면 칭찬에 관해 하나의 공식을 도출할 수 있다.

칭찬 = 사실 + 평가 + 느낌

이 공식에 대입해보면 위의 두 문장은 이렇게 바뀐다.

1) "당신의 눈(사실)은 정말 아름다워요(평가). 특히 당신의 웃는 얼굴을 보면(사실) 모든 걱정이 사라지는 것 같아요(느낌)."

2) "당신을 처음 봤을 때 귀여운 얼굴과 찰랑거리는 긴 머리(사실)에 반했어요. 마치 드라마의 여주인공 같았죠(평가). 저는 당신 같은 사람과 친구가 되면 얼마나 행복할까 하는 생각을 했어요(느낌)."

칭찬을 구성하는 요소 가운데 하나도 빠져서는 안 된다. 상대에게 진정한 칭찬을 건네려면, 그를 자세히 관찰한 뒤 사실에 근거한 자기의 느낌을 표현할 줄 알아야 한다는 의미다. 그리고 이런 능력의 전제는 상대의 가치를 내면으로부터 인정하는 것이다.

그렇다면 사실 묘사와 평가, 느낌이 들어가는 칭찬은 항상 가치가 있을까?

그렇지는 않다. 다음 예문을 살펴보자.

"수학 시험에서 또 만점을 받았네.(사실) 우리 아들 정말 대단하다.(평가) 엄마는 네가 정말 자랑스러워!(느낌)"

앞에서 말했듯 진정한 칭찬은 일종의 이타적 행위다. 하지만 위와 같은 말을 들은 아이는 심리적으로 이런 반응을 보일 수 있다.

1) "엄마는 내가 만점을 받아야만 자랑스러워하시는구나. 만일 내가 다른 과목에서 만점을 받지 못하면 엄마는 실망하실 거야."
2) "내가 이렇게 대단한 놈이라고! 이제부터는 별로 노력하지 않아도 되겠어."
3) "다음번에도 만점을 받으면 엄마가 또 칭찬해주실 거야."

칭찬이 '양날의 검'이라는 사실을 알 수 있는 대목이다.

미국의 유명 심리학자 제인 넬슨Jane Nelsen은 《긍정의 훈육》에서 "올바른 훈육은 아이를 격려하는 것이지 칭찬하는 것이 아니다."라고 말한다. 칭찬과 격려는 비슷해 보여도 실제로는 매우 큰 차이가 있다.

칭찬, 보충해야할두가지

격려 형태의 칭찬은 사람이 아닌 행위를 겨냥한다. 이를 통해 상대의 자기 평가와 자기 성찰을 자극, 결과적으로 상대가 타인의 칭찬에 의존하지 않고 올바른 가치관을 확립하고 자신감을 얻어 자립하도록 돕는다.

격려 형태의 칭찬을 하려면 칭찬의 공식에 다음 두 가지를 보충해야 한다.

1) 사람이 아닌 행위를 칭찬해라.
2) 결과가 아니라 노력한 과정을 칭찬해라.

이 두 가지를 참고하면 아들이 시험에서 만점을 받았을 때 다음과 같이 칭찬할 수 있다.

"이번 수학 시험에서 만점을 받은 건 네가 복습을 정말 열심히 했기 때문이지? 그것 보렴. 모든 게 네 노력의 결과란다. 계속 힘을 내렴, 아들아. 그리고 그 노력과 열심을 다른 곳에서도 마음껏 발휘해봐!"

이런 칭찬을 받은 아들은 자기가 시험 전에 복습(행위)한 것을 돌아보고, 그 과정에서 얻은 자극과 격려를 강화해 좋은 습관으로 만들 수 있다.

이로써 우리는 진정한 칭찬은 상대가 긍정적인 자기 가치감을 형성하도록 도와준다는 것을 알 수 있다. 또 어떤 행위를 지속할 강한 동력으로 작용하고, 그 행위를 강화하는 동시에 자기를 계속 평가함으로써 더 좋은 '자기'가 되도록 돕는 역할을 한다.

결론적으로 가장 진실한 칭찬은 사실에 대한 묘사이며, 가장 사려 깊은 칭찬은 격려다.

이렇게 말하면
인정받는다

설 명절을 앞두고 가족들에게 무슨 선물을 할까 고민하다 아버지께 선글라스를 사드리기로 했다. 한 안경점에 들어가 이것저것 착용해 본 뒤 마음에 드는 제품이 있어 직원에게 가격을 물었다.

"거기 가격표 붙어 있잖아요."

한 여직원이 나를 본체만체하며 대답했다. 그 대답을 듣자 오히려 나는 '내가 왜 그랬지?'라는 생각이 들었다. 제품 위에 분명히 가격표가 붙어 있는데 왜 자세히 못 봤냐며 내 자신을 자책한 것이다. 그러다 명절을 앞두고 있으니 어쩌면 할인을 해줄 수도 있겠다 싶어 다시 가격을 물었다. 그러자 그 직원이 답답하다는 듯 대답했다.

"문 앞에 쓰여 있잖아요. 20% 세일!"

나는 선글라스를 내려놓고 매장을 나왔다.

재미있는 일은 그다음에 일어났다. 그 안경점 맞은편에 또 다른 안경점이 있었다. 그곳에서 나는 조금 전에 본 것과 똑같은 선글라스를 발견했다. 그 안경점의 직원은 먼저 다가와 제품의 장점과 기능 등을 소개해주었다. 그리고 이어진 그녀의 말에 나는 마음이 움직였다.

"곧 명절이잖아요. 정말 마음에 드시면 25% 할인 가격에 드리도록 해볼게요. 사은품으로 우산이랑 USB도 챙겨드리고요. 제가 할 수 있는 최대치입니다."

똑같은 선글라스인데 한쪽은 20%, 다른 쪽은 25% 세일 중이라면 당신은 어디에서 구매하겠는가? 당연히 25% 세일하는 곳일 것이다. 그런데 물건을 구매하면 단순히 제품만 사서 집으로 돌아오는 게 아니다. 그 물건을 구매할 때의 소비자 체험도 매우 중요하다. 그렇지 않으면 뭐 하러 오프라인 매장에서 물건을 사며, 직원은 왜 있겠는가? 전부 온라인에서 구매하면 그만이지 않은가?(물론 온라인에서도 양질의 고객 서비스가 중요하다.)

대화도 쇼핑과 같다. 사람과 소통할 때는 내용(제품 구매)뿐 아니라 서로에게 주는 느낌(종업원의 태도) 역시 매우 중요하다. 때로는 말투에서 전해지는 느낌이 내용보다 상대를 더 감동시키기도 한다. 유명한 소통 전문가 로널드 B. 애들러Ronald B. Adler는 소통은 내용과 관계라는 두 가지 요소를 동시에 포함한다고 말했다. 그는 "말은 내용을 전달해야 한다. 아울러 모든 정보는 관계와 밀접한 상관적 수치relational dimension를 형성한다. 즉, 말에는 자기와 상대의 관계를 나타내는 어투와 표현이 사용된다"고 주장했다.

선글라스를 사러 갔을 때 한 곳에서는 싸늘한 말을 들었는데 한 곳에서는 웃는 얼굴로 맞이했다. 한 곳에서는 '살 테면 사고'라는 식의 대접을 받았지만 한 곳에서는 '최대한 할인 혜택을 주겠다'는 말을 들었다. 마음 같아서는 후자에게 돈을 더 지불할 수도 있었다. 하지만 그녀가 내게 건넨 관계의 상관적 수치에 따르면, 그녀는 나를 매우 중요하게 생각했고, 마침 나는 '존중받는다'는 느낌을 매우 중시하는 사람이었다.

사실 이 원리는 더 말하지 않아도 모두가 알고 있다. 중요한 건 대화를 나누는 과정에서 어떻게 상대에게 '당신을 존중한다'는 느낌을 확실히, 고급스럽게 전달하는가이다.

상대에 대한 존중 드러내기

대화할 때 '존중과 관심'이 깃든 어휘를 말머리에 사용해보길 권한다. 이 효과를 무시하지 마라. 입을 열자마자 '나만 생각하는' 말이 아닌 '상대를 고려하는' 말을 먼저 꺼내면 그 대화는 반은 성공한 것이나 다름없다.

회사 동료가 당신에게 보고서 작성을 부탁했다. 하지만 당신은 당장 처리해야 할 업무가 산더미라 몸이 두 개라도 모자랄 정도다. 이럴 때 어떻게 거절하겠는가?

"안 돼요. 지금은 시간이 없어요.", "저도 지금 처리해야 할 일이 너무 많아요. 다른 사람에게 부탁하시겠어요?" 보통은 거의 이런 식으로 대답한다. 그런데 이런 말들은 아무런 스킬이 들어 있지 않은 딱딱한 거절의 말투라서 '고급지게' 느껴지진 않는다. "언제 필요하신 건데요? 급하지 않은 거면 다음 주에 해드려도 될까요?"라고 되물을 수도 있다. 이 말은 앞의 거절보다 조금 더 편안하게 들린다. 최소한 직접적으로 거절하거나 회피하진 않았기 때문이다.

이렇게 말하는 건 어떨까?

"마음 같아서는 정말 뭐든 도와주고 싶어요. 그런데 이번 주에 제 일정표를 한번 봐주시면 이해될 거예요."

실제로 도움을 주진 못했지만, 동료도 당신의 사정을 이해하고 기꺼이 자리를 떠날 것이다. 상대를 향한 '존중과 관심'이 드러난 말, 즉 "마음 같아서는 정말 뭐든 도와주고 싶어요"라는 말을 문장 첫머리에 사용했기 때문이다.

내가 소통에 관한 강의를 할 때 학생들이 자주 하는 질문들이 있다.

1) "그렇게 말하는 건 너무 가식적이지 않나요?"

2) "상대하고 관계가 충분히 가까운데 꼭 그렇게까지 돌려서 말할 필요가 있나요?"

3) "저는 직접적으로 말하는 편입니다. 그렇게까지 말했는데 상대가 받아들이지 않으면 저를 싫어한다는 뜻 아닐까요?"

이런 생각은 착각이다. 성격이 직접적이고 호탕하다고 말투까지 그런 건 아니며, 솔직하고 거짓말을 못 하는 성격이라고 해서 꼭 말투까지 그런 것은 아니다. 상대를 향한 '존중과 관심'의 표현이 가식적인 건 더욱더 아니다. 생각해보라. 처음 연애를 할 때 상대에게 끌렸던 이유는 그가 나를 매우 존중해주고 내게 관심을 보인다고 느꼈기 때문이 아닌가?

'존중과 관심'을 말머리에 놓으면 그 관계를 매우 중시한다는 뜻을 드러내면서 대화의 주도권을 잡을 수 있다. 두 마리 토끼를 모두 잡을 수 있는 이 대화 방식을 알고도 그냥 지나치겠는가? 물론 구체적인 어휘나 말투 등은 당신이 처한 상황에 따라 융통성 있게 정하면 된다.

난처한 상황에서 통하는
사랑의 대화법

살다 보면 이런 상황을 마주하게 된다.

1) 별로 친하지 않은 사람을 만났다. 피할 수도 없는 상황이고 인사를 안 하자니 예의가 없어 보인다. 그렇다고 인사를 하자니 무슨 말을 해야 할지 잘 모르겠다.

2) 말이 없는 사람과 같은 공간에 앉아 있다. 당신 혼자서만 계속 얘기했는데 더는 얘기할 소재가 없다. 분위기는 점점 썰렁해져 간다.

3) 회사 동료와 함께 엘리베이터에 탔다. 서로 주위만 돌아볼 뿐 막힌 공간에서 무슨 말을 해야 할지 모르겠다. 차라리 계단으로 올라갈 걸 하는 생각이 든다.

4) 친구들 모임에 갔다. 다들 얘기만 하면 웃음이 터지는데 이상하게

당신이 말하면 자꾸만 분위기가 썰렁해진다.

5) 소개팅에 나갔다. 그런데 당신이 하는 말마다 바보처럼 느껴진다.
집에 가고 싶은 마음이 굴뚝같다.

6) 선배 혹은 상사와 이야기를 나누는데 자꾸만 당신이 모르는 화제
를 꺼내 말문이 막혀 대화를 이어가기 힘들다.

비밀을 하나 말하자면, 이 모두가 내가 경험한 이야기다. 나는 상
당히 오랜 시간 동안, 정확히 말하면 인생의 25년을 내성적이고 자
신감이 부족하며 담이 작고 말주변 없는 사람으로 살았다. 밖에서
사람을 만나면 일부러 피해 다녔다. 프레젠테이션이나 업무 보고를
해야 할 때면 번갯불에 콩 구워 먹듯 금방 끝내고 항상 마음이 무거
웠다. 마이크를 들고 낯선 사람을 인터뷰해야 할 때는 오랜 시간 마
음의 준비를 해야 했다.

그런데 어느 날 더는 그런 식으로 살아서는 안 되겠다는 생각이
들었다. 나는 사회자였고 기자였다. 어떻게든 그 난관을 극복해야
했다. 최소한 낯선 사람을 무서워하거나 그들과 대화하는 걸 두려워
하고 싶지는 않았다. 그래서 10년 가까이 말하기에 관해 연구했고,
사람들이 나누는 대화나 수다에 모종의 법칙이 존재한다는 걸 발견
했다.

그렇게 터득한 장소별 대화법은 바로 '하나의 진리, 두 개의 원칙, 세 개의 스킬'이다. 누구와 이야기를 나누든 이 세 가지를 기억하면 많은 도움이 될 것이다.

하나의 진리

수다는 일종의 생존능력이며, 소통은 사람의 가장 기본적인 욕구다. 인류학에서는 타인과 접촉할 기회를 박탈하는 것이 인간에게 가장 잔혹한 형벌이라고 말하기도 한다.

내가 만난 수백 명의 학생 중 수다는 아무런 의미 없는, 시간을 낭비하는 재미없는 일이라 생각하는 사람들이 있었다. 그걸 대체 왜 공부해야 하는지, 공부해서 쓸데가 있는지 의문을 제기하는 사람이 많았다.

물론 그들을 충분히 이해한다. 모두 살기 바쁜 데다 비교적 소심한 성격이라 '집순이', '집돌이'가 많기 때문이다. 하지만 대화 속에 중요한 정보가 들어 있지 않다고 하더라도 절대 그것이 아무런 쓸모가 없는 게 아니다. 오히려 마음 가는 대로 흘러가는 대화라서 특별한 의미를 지닌다.

첫째, 수다는 모든 대화의 '마중물'과 같다. 동서를 막론하고 대화를 시작할 때 본론부터 직접 얘기하는 사람은 정말 드물다. 특히 그렇게 가깝지 않은 사이라면 처음부터 본론을 말하는 건 예의에 어긋나는 처사다. 이럴 때는 한담이나 수다의 절차를 절대 빼놓을 수 없다.

둘째, 수다를 통해 그 사람의 성격과 상식, 품위와 가치관을 알 수 있다. 쉬지 않고 말하는 걸 좋아하는지 아니면 듣는 걸 더 좋아하는지, 가십 얘기를 좋아하는지 주식 얘기를 좋아하는지, 발화 속도가 빠른지 느린지, 목소리가 큰지 작은지, 이 모두가 개인의 성향을 드러내는 주요한 요소들이다. 한 사람을 알아가고 이해하는 것 역시 수다로부터 시작된다.

셋째, 수다는 내가 누구인지 인지하도록 돕는다. 물고기는 물고기 떼 안에 있을 때 자신의 힘과 크기를 정확히 알 수 있다. 사람도 마찬가지다. 타인과의 교류를 통해 자기가 누구이고 뭐 하는 사람인지, 무엇을 해야 하는지, 또 무엇을 하면 안 되는지를 정확히 인식한다. 심리학적으로 보면 수다는 한 개인이 소속감과 존재감을 얻는 중요한 방식이기도 하다. 그래서 수다가 일종의 생존능력이라는 점에 먼저 공감대를 형성할 필요가 있다. 성격이 외향적이든 내성적이든, 오늘부터 수다를 더욱 중시하길 바란다. 수다를 잘 떠는 사람일수록 심리적으로 건강하며 일을 순조롭게 처리할 수 있고 행복지수도 높다.

두 개의 원칙

첫 번째는 '점유율 원칙'이다.

축구 경기가 끝난 후 기술적으로 어떤 통계를 내는 것을 본 적이 있을 것이다. 양 팀의 볼 점유율이다. 보통 볼 점유율은 최종 승리를 거둔 팀이 높다. 그런데 이 개념을 대화에 적용하면 정반대의 작용을 한다는 사실을 알 수 있다. 누군가와 수다를 떨 때—두 사람이든 여러 사람이든—일단 한 사람의 '점유율'이 너무 높으면 그 대화는 재미없게 흘러간다. 시종일관 한 사람만 쉬지 않고 말하고 다른 사람이 끼어들 기회를 주지 않으면 그 대화는 아무런 재미가 없다.

그렇다면 어떻게 해야 할까? 점유율을 조정해야 한다. 목표는 꼭 5:5가 아니어도 좋다. 대략 4:6 혹은 3:7 정도로만 유지해도 바람직하다. 자신의 말이 너무 많다 싶으면 바로 중단하고 화제를 상대에게 돌리고, 반대로 자신의 말이 너무 적다고 생각되면 기회를 봐서 중간에 끼어들거나 새로운 화제를 꺼내면 된다.

이론은 알겠는데 실제로 어떻게 적용해야 할지 막막하다는 사람이 있을 수 있다. 이 한마디만 기억해라. "먼저 공을 잘 받은 다음 다시 돌려보내라." 탁구 경기처럼 상대가 서브한 공을 잘 받아서 리시브하는 것이다.

A: "주말에 뭐 했어요?"

B: "아, 영화 봤어요. 당신은요?"

여기서 관건은 받은 공이 아니라 다시 돌려보내는 공, "당신은요?"이다. 다시 예를 들어보자.

A: "이 영화는 진짜 최악이야. 보는 내내 환불하고 싶다는 생각이 굴뚝같았어."

B: "인터넷에 올라온 후기들도 별로더라.(받고) 너도 별로였구나?(리시브)"

A: "대체 뭘 찍은 건지 모르겠어. 억지 코미디 같았다니까? 내용 연결도 부자연스럽고."

B: "응. 올해는 괜찮은 국산 영화가 몇 편 안 되는 것 같아. 영화관에 가도 뭘 봐야 할지 잘 모르겠다니까?(받고) 너는 주로 어떤 장르의 영화를 보는 편이야?(리시브)"

이렇듯 공을 받아서 다시 돌려보내는 방식으로 대화를 하면 말이 끊이지 않는다. 두 사람 간 대화가 양적으로 균형을 이룰 수 있고 분위기도 화기애애하게 유지할 수 있다. 혹시 위의 예문들에서 어떤 규칙을 발견하지 못했는가? 그렇다. 먼저 상대의 생각을 따라가거나 그와 비슷한 생각을 말한 뒤 다른 문제를 제기해 기존의 대화를 이어가거나 새로운 화제를 만드는 것이다.

"이 영화는 진짜 최악이야"라는 말의 대응되는 구절은 무엇인가? 바로 "인터넷에 올라온 후기들도 별로더라."다.

"대체 뭘 찍은 건지 모르겠어. 억지 코미디 같았다니까? 내용 연결도 부자연스럽고"에는 먼저 상대의 의견을 따라갔다. 어떤 말인지 찾았는가? "응. 올해는 괜찮은 국산 영화가 몇 편 안 되는 것 같아"가 바로 그것이다.

그렇다면 대화가 잘 이어지지 않는 이유는 뭘까? 그건 상대와 다른 자기 생각을 제시하는 데 급급하기 때문이다. 게다가 그 다른 의견에는 '상대의 생각이 틀렸다'는 것이 전제된다.

한번은 친구 모임에 나갔는데 그중 한 친구가 군수 업체에 다닌다고 하자 모두가 신기해했다. 한 친구가 궁금증을 참지 못하고 그녀에게 물었다.

"야, 그럼 너는 매일 비행기 대포 같은 걸 보는 거야?"

그녀가 뭐라고 대답했을까?

"넌 생각하는 게 진짜 유치하다. 내가 비행기 대포 공장에 다니는 것도 아닌데."

분위기가 순식간에 싸늘해졌다. 질문을 던진 친구는 민망해서 어쩔 줄을 몰랐다. 나는 재빨리 다른 화제를 찾아 분위기를 전환했다. 그런데 거기서 끝이 아니었다. 또 다른 친구가 그녀에게 물었다.

"너희 회사는 사람을 채용할 때 특수한 조건이라도 있니? 나 같은 사람도 면접을 볼 수 있는 거야?"

"네가 말하는 특수한 조건이라는 게 뭔지 잘 모르겠다. 어쨌든 난 한 번에 합격했어."

그녀의 말이 끝나자 일순간 분위기가 또 썰렁해졌다. 모임이 거의 끝나갈 때 그녀가 먼저 자리에서 일어났고, 그녀가 떠나자 남은 친구들이 흥분해서 이러쿵저러쿵 말을 했다.

"야! 대체 쟤는 누가 부른 거니? 아니 대화를 하자는 거야 말자는 거야? 자기가 뭐 대단한 사람이라도 되는 줄 아나 봐!"

그녀는 왜 사람들의 미움을 받았을까? 바로 '나는 너와 생각이 다르다'는 점을 말하는 데 급급했기 때문이다. 이런 태도를 취하기 시작하면 대화는 점유율 부분에서 균형을 잃고 분위기는 금방 서늘해진다. 그렇다면 어떻게 대응하는 것이 좋을까? 위 예화를 바탕으로 다시 이야기를 꾸며보자.

A: "야, 그럼 너는 매일 비행기 대포 같은 걸 보는 거야?"

이 말은 어떻게 받아치는 것이 좋을까?

B: "나도 입사 전에는 그렇게 생각했는데 아니더라고. 사실 난 어릴 때부터 전쟁터에 나가서 싸우는 상상을 하기도 했거든? 그런데 막상 회사에 들어가보니까 여기도 생수를 만드는 공장과 다를 게 없었어. 똑같이 생산 라인이 있고 각종 기계가 돌아가. 게다가 나는 사무직이라 공장에는 1년에 몇 번밖에 못 가."

먼저 상대방과 비슷한 관점을 말한 다음 자기의 생각을 명확히 설명하는 법이다. 상대를 부정하느라 조급해할 필요가 전혀 없다.

A: "너희 회사는 사람을 채용할 때 특수한 조건이라도 있니? 나 같은 사람도 면접을 볼 수 있는 거야?"

이 말은 어떻게 받아치는 것이 좋을까?

B: "석사 이상만 모집한다고 들었어. 하지만 너처럼 잘생긴 사람은 아무 문제없을 거야!"

기억하라. 친구들끼리 모여서 나누는 한담이다. 기자의 질문에 대답하는 것이 아니라는 말이다. 그러니 지나치게 진지할 필요가 없다. 때로 농담을 섞어도 되고, 그 김에 상대를 칭찬하면 분위기까지 띄울 수 있다.

두 번째는 '교환 원칙'이다.

대화의 본질은 일종의 교환이다. 말을 좀 할 줄 아는 사람들은 이 '교환'에 능하다. 어떻게 하면 티 내지 않고 이 교환 방식을 통해 이상적인 대화의 결과를 얻어낼 수 있을까?

여기에는 '사회교환이론'을 적용해볼 수 있다. 이것은 사회학 이론 중 하나로 모든 사회적 관계는 교환이론을 근거로 한다고 보고 있다. 사람들은 누군가와 함께 있을 때 자신이 얻는 것이 지불해야 하는 것보다 크거나 같으면 그 관계를 유지하고 싶어 한다. 바꿔 말하면 누군가와 교제를 할 때 아무런 수익이 없다고 생각되면 그 관계는 빨리 끝난다.

우리가 낯선 사람과 대화하는 걸 싫어하는 이유는 아직 그 관계를 통해 얻는 이익이 눈앞에 보이지 않기 때문이며, 심지어 자기가 손해를 볼까 봐 걱정하기 때문이다. 자존감이 낮은 사람은 다른 사람에게 자신이 아무런 이용 가치가 없다고 생각해 그 누구도 자기와 사귀고 싶어 하지 않는다고 착각한다. 실제로 사회교환이론에서 주장하는 '수익'이라는 이 어휘에는 유형의 수익은 물론 무형의 수익도 포함된다.

사람의 가치에는 이해와 존중, 동정과 호감 등 무형의 수익도 포함되며, 이를 바탕으로 우정과 사랑의 관계가 형성된다. 그래서 사람들은 누군가 자기를 이해해주면 '내 이야기를 이렇게 들어주고 이해해주는 당신은 정말 좋은 사람'이라고 생각한다. 이는 당연한 일이다. 이 수익이라는 개념을 대화에 적용하는 것은 그리 어려운 일이 아니다. 특히 당신이 중요하게 생각하는 부분에 그것을 적용하면 된다.

교환 원칙의 핵심을 정리해보자.

첫째, 동의해주어라.

매우 중요한 부분이다. 만일 잘되는 대화의 비책을 하나만 배우고 싶다면 단언컨대 '동의'다. 누군가는 이렇게 물을 수 있다. "명백히 그 사람의 생각에 반대하는데 왜 동의하는 척해야 하죠? 너무 가식적이지 않나요?"

확실히 말하지만 절대 가식적이지 않다. 그렇게 묻는 것은 동의의 전체적인 의미를 이해하지 못하기 때문이다.

동의는 상대의 모든 생각에 찬성한다는 것이 아니라 일정 부분, 심지어 아주 적은 부분이라도 일리가 있으면 인정한다는 뜻이다. 평소에 사람들과 대화를 나누다가 상대의 말에서 일리 있는 부분을 잘 캐치해 동의해줄 수 있다면, 당신의 대화 능력은 눈에 띄게 좋아지고 사람들에게 환영받을 것이다. 구체적인 예를 들어보자.

"맞는 말이야. 어떤 사람들은 정말 그렇게 하지. 그런데 나는 이렇게도 생각해……."

이렇듯 먼저 상대의 말에 동의한 뒤 반대 의견을 말하는 게 좋다.

동의가 왜 그렇게 중요할까? 대화 상대가 친구든 부모님이든, 상사든 부하직원이든, 선생님이든 학생이든, 모든 사람의 내면에는 자기를 방어하고자 하는 의식이 있다. 그래서 누군가가 듣기 불편한 말을 하면 곧장 자기 방어 기제가 작동해 아무리 일리 있는 말을 해도 귀에 잘 들리지 않는다. 그 결과 대화는 자연스레 종료된다. 그런데 상대의 생각 혹은 일부분의 의견이라도 동의해주면, 그 사람은 당신이 자기와 같은 편에 서 있다고 생각해 방어 기제를 푼다. 당연히 대화도 오래 이어갈 수 있다.

둘째, 자기를 노출하라.

미국의 심리학자 조셉 러프트(Joseph Luft)와 해리 잉햄Harry Ingham이 발표한 '조하리의 창Johari's window'이라는 이론이 있다. 이에 따르면 사람의 내면세계는 크게 네 가지로 나뉜다. 자신도 알고 타인도 아는 '열린 창', 자신은 알지만 타인은 모르는 '숨겨진 창', 나는 모르지만 타인은 아는 '보이지 않는 창', 나도 모르고 타인도 모르는 '미지의 창'이 바로 그것이다. 그리고 '숨겨진 창'에 있는 정보가 '열린 창'으로 옮겨갈 경우 이 전이 과정을 '자기 노출'이라고 한다. 통속적으로 말하면 자기만 아는 일을 상대에게 밝히는 것이다.

이것은 어떤 효과가 있을까? 당신의 개인적인 일을 누군가에게 적절히 고백하고 나면 그는 당신이 자기를 진정한 친구로 여긴다고 생각하거나 최소한 자기를 신뢰한다고 생각한다. 게다가 사람은 정말 재미있는 존재라서 당신만의 비밀이나 사생활을 '열린 창'으로 가져가면 대부분의 경우 상대도 똑같이 행동한다. 이렇게 서로가 정보를 교환하면서 거리가 가까워진다. 함께 대화를 나누는 것이 가치 있다고 느끼거나 매우 재미있다고 여기는 것이다.

세 가지 스킬

첫째, 화제를 파생시켜라.

많은 경우 대화를 잘 못 하는 이유 중 하나는 화제가 부족해서 무슨 얘기를 해야 할지 모르기 때문이다. 한 학생이 이런 말을 한 적 있다. "종일 회사에 있다가 퇴근하면 바로 집으로 가요. 집에 가면 밥

하고 애 보느라 정신없어요. 신문이나 텔레비전 볼 시간도 없고 휴대폰도 잘 안 봐요. 그래서 저는 정말 대화 소재가 부족해요!" 그런데 정말 그럴까? 아니다. 단지 화제를 잘 파생시키지 못한 것뿐이다.

화제의 파생이란 말 그대로 한 화제에서 더 많은 화제를 끌어내는 것이다. 이 방법은 매우 효과가 좋다. 다시 앞에서 소개한 '영화 얘기'를 예로 들어보자.

> A: "이 영화는 진짜 최악이야. 보는 내내 환불하고 싶다는 생각이 굴뚝같았어."
>
> B: "인터넷에 올라온 후기들도 별로더라. 너도 별로였구나?"
>
> A: "대체 뭘 찍은 건지 모르겠어. 억지 코미디 같았다니까? 내용 연결도 부자연스럽고."
>
> B: "응. 올해는 괜찮은 국산 영화가 몇 편 안 되는 것 같아. 영화관을 가도 뭘 봐야 할지 잘 모르겠다니까? 너는 주로 어떤 장르의 영화를 보는 편이야?"

보통 '형편없는 영화'를 소재로 삼으면 대화는 금방 끝난다. 그럼 어떻게 이 화제에서 다른 화제를 파생시킬 수 있을까?

'형편없는 영화'는 '영화'로 파생할 수 있다. 위 대화에서처럼 "너는 주로 어떤 장르의 영화를 보는 편이야?"라고 물을 수 있다. 만일 상대가 액션물을 좋아한다고 하면 계속 대화를 이어가면서 어떤 액션 영화를 가장 좋아하는지 물어보면 된다.

그런데 만약 상대가 "특별히 좋아하는 장르는 없다"고 대답하면 어떻게 하겠는가? 두 가지 방법이 있다. 하나는 먼저 상대 의견에 동의한 뒤 자연스레 당신의 이야기로 넘어가는 것이고, 다른 하나는 제안을 함으로써 영화라는 화제가 급히 마무리되지 않게 하는 것이다.

첫 번째 방법, 그러니까 상대 의견에 동의한 뒤 자연스레 당신의 이야기로 넘어가는 예를 들어보자.

"나도 그래. 예전에는 로맨스를 좋아했는데 지금은 꼭 그런 것도 아니야. 보다 보니까 내용이 거기서 거기더라고. 그래도 얼마 전에 집에서 본 〈비긴 어게인〉은 재밌더라. 특히 영화에 나온 노래들이 정말 좋았어."

둘째, 제안을 해라.

"친구한테 들었는데 일본 애니메이션을 각색해서 영화로 찍은 게 이번에 상영한대. 혹시 관심 있어?"

첫 번째 방법은 상대의 의견에 동의하면서 영화에 나온 노래를 거론함으로써 화제를 '영화'에서 '노래'로 파생시켜나갈 수 있다. '노래'라는 화제는 또다시 '가수', '콘서트' 등으로 파생시킬 수 있고, 나아가 '인터넷 예능 프로그램', '연예인', '연예인 루머', '다른 연예인 루머' 및 기타 관계된 다른 화제로 확장할 수 있다. 만약 상대가 시간이 넉넉하다면 이런 방식으로 종일 얘기해도 화젯거리가 넘쳐날 것이다.

두 번째 방법은 제안을 통해 새로운 화제를 만들어내는 것이다. '형편없는 영화' 얘기에서 일본 애니메이션으로 화제를 옮기면서 자신이 잘 알고 있는 영역, 애니메이션에 관해 얘기하다 보면 대화를 주도할 수 있고 자연스레 점유율을 높일 수 있다.

화제 파생의 장점은 해당 화제에 관해 자신이 아는 게 없을까 봐 걱정하지 않아도 된다는 것이다. 그 화제를 자연스럽게 자기가 잘 아는 영역으로 전환할 수 있으니 말이다. 여기서 핵심은 화제를 전환할 때는 먼저 상대의 의견에 동의를 해주고 넘어가야 한다는 것이다.

둘째, 효율적으로 경청하라.

이 책은 말하기에 관한 것인데 왜 듣기를 강조하느냐고 묻는 사람도 있을 것이다. 다시 읽어보길 바란다. 내가 강조하는 것은 '효율적인 경청'이다. 다시 말하면 상대의 말을 듣는 과정에서 주요 정보를 잘 캐치하는 능력을 일컫는다.

> A: "네가 베이징에 올 때쯤이면 나는 엄청나게 많이 변해 있을 거야."
> B: "응. 그럼 언제쯤 베이징에 가는 게 좋을까?"

이 대화의 문제는 뭘까? 동문서답이다. B는 A가 전달한 '주요 정보'가 아닌 '부수적 정보'로 질문을 던졌다. A가 말하고자 하는 주요 정보는 자기가 많이 변할 거라는 점이다. 이럴 때는 이 문제로 질문을 던져야 한다. A는 분명 B가 '어떻게 변할 건데?'라고 물어주길 애타게 바라고 있을 것이다.

우리 일상에서는 이런 상황이 매우 자주 일어난다. 그러니 자신이 너무 소심한 데다 대화 스킬을 몰라서 대화 소재가 없다고만 탓하지 마라. 사실은 듣지 못해서 그런 경우가 많다. 상대의 말 속에서 주요 정보와 부수적 정보를 재빨리 발견해내는 것은 대단한 능력이다. 이는 대화의 효율을 극대화하며 엉뚱한 대답을 하는 횟수를 확실히 줄여준다.

주요 정보는 꼭 말을 많이 하는 부분이 아닐 수도 있다. 이것을 캐치하는 능력은 상대의 말에 얼마나 감정을 이입하느냐에 달려 있다.

감정 이입은 '감성지수'와도 겹치는 부분이 많은데 여기서는 깊게 다루지 않겠다. 결론적으로 주요 정보를 잡아내는 듣기능력은 질 높은 경청에 속한다.

셋째, 반복과 질문을 사용해라.

대부분이 질문은 쉽게 하는데 '반복'은 어떻게 해야 하는지 잘 모른다. 그런데 반복은 정말이지 큰 역할을 해 난처한 상황을 피하도록 돕는다.

A: "어제 또 야근했어. 팀장이 팀원들을 집에 못 가게 했어. 아예 회사 근처 호텔에 방을 잡은 거 있지."

이럴 때는 '반복+질문'의 스킬을 사용해 이렇게 대화할 수 있다.

B: "어제 호텔에서 잤다고?"('호텔' 반복)
A: "그렇다니까? 그것도 열 명도 넘는 사람이 한 방에서. 진짜 정신없었어."
B: "열 명도 넘는 사람이? 진짜 정신없었겠다!('열 명 넘는' 반복) 밤에 마피아 게임이라도 하지 그랬어?"
A: "그럴 정신이 없었어. 일 끝내고 나니까 새벽 한 시가 넘었던걸."

B: "새벽 한 시까지?('한 시' 반복) 다들 피곤하겠다. 대체 무슨 일 때문에 야근한 거야?"

이렇듯 '반복+질문'의 스킬을 이용하면 화제가 떨어질까 염려하지 않아도 된다.

그럼 이번 장의 주요 내용을 다시 복습해보자.

하나의 진리: 수다는 일종의 생존능력

두 개의 원칙: '점유율 원칙'을 활용해라. 모든 사람이 대화에 적절히 참여하도록 유도하되 한 사람이 무대를 독점하지 않게 해라. '교환 법칙'을 활용해라. 적절하게 상대의 말을 경청하고 반복과 질문을 통해 새로운 화제를 도출해라.

세 개의 스킬: 화제를 파생시켜라. 효율적으로 상대의 말을 경청하고 반복과 질문을 통해 새로운 화제를 도출해라.

한 가지 확실히 말해두고 싶은 것이 있다. 내가 말하는 '난처한 상황'을 피하는 방법은 위의 내용을 연습하면 갑자기 말재주가 좋아진다거나 변론능력을 기를 수 있다는 뜻이 아니다. 이 방법들로는 하루아침에 언어의 연금술사나 토크의 달인이 될 수 없다. 최소한 나의 목표는 그게 아니다. 왜냐하면 '언변'과 '대화'는 필연적인 인과관계가 아니기 때문이다. 이 둘 사이의 가장 큰 차이는 바로 좋은 언변에는 머리, 좋은 대화에는 마음이 필요하다는 점이다.

삶은 어쩌면 따뜻한 국밥 한 그릇과도 같다. 대화는 거기에 들어가는 재료다. 말을 잘하는 인생은 진하고 시원한 맛으로 가득하다. 오늘부터 당신의 그릇에 어떤 재료를 담을지 곰곰이 생각해보지 않겠는가?

쓸데없는 수다의
환상적인 역할

인터넷 방송을 시작한 뒤 생긴 습관이 하나 있다. 어딜 가든 주변 사람과 몇 마디라도 수다를 떤다는 것이다.

마트에서 물건을 살 때는 종업원과, 이발을 하러 가면 미용사와, 식당에 가면 종업원과 이야기를 나눈다. 회사에서는 말할 것도 없다. 쉬는 시간에 담배를 피울 때면 거기서 만나는 친구들과 편하게 수다를 나눈다.

대화 주제는 여러 가지다. 날씨, 음식, 영화, 건강관리, 신상 옷, 백화점 세일 등은 물론 업무나 생활 습관까지 다양하다. 화제를 열거하자면 끝도 없다.

이런 대화에는 한 가지 공통점이 있다. 바로 목적 없이 그냥 나누는 수다라는 것이다. 그런데 아무런 목적은 없지만 좋은 점은 많다.

수다의 좋은 점

가장 쉬운 예로, 분위기를 망치지 않고 짧은 시간에 상대에게 비교적 강한 인상을 남길 수 있다. 만약 어느 정도 현실적인 이익이 얽혀 있는 사이라면 상대는 수다를 계기로 당신에게 작은 '특권'이나 편리를 제공할 수도 있다. 예를 들어 아파트 경비원이랑 친해지면 택배를 대신 맡아줄 수도 있고 다른 도움도 받을 수 있다. 매장 점장과 친해지면 일반 회원이지만 VIP 혜택을 줄 수도 있다. 그런데 내게 수다의 가장 좋은 점은, 나는 물론 상대도 마음이 편해져 화목한 분위기 속에서 관계를 형성할 수 있다는 것이다. 수다는 아주 근사한 일이다. 모든 인간관계의 시작점이기 때문이다.

여기서 잠시 '관계의 변천 모델'에 관해 소개하고자 한다. '관계의 변천'이란 사람과 사람, 특히 연인 관계나 기타 친밀한 관계가 겪는 일종의 단계를 가리킨다. 관계의 발전 단계에 관해서는 의사소통 연구자 마크 냅Mark Knapp이 개발한 모델이 가장 유명하다. 그는 관계의 시작과 끝을 열 개의 단계–시작하기, 실험하기, 강화하기, 통합하기, 융합하기, 구분하기, 제한하기, 침체기, 회피하기, 종결하기로 나누었다. 그리고 이를 다시 세 개의 시기, '가까워지기(시작하기, 실험하기, 강화하기)'와 '유지하기(통합하기, 융합하기, 구분하기, 제한하기)', '멀어지기(침체기, 회피하기, 종결하기)'로 구분했다.

낯선 사람과 하루빨리 거리를 좁혀 신속하게 더 많은 인맥을 구축하고 싶어 하는 사람은 거의 없다. 빠른 시간 안에 거리를 좁힌다는 건 짧은 시간 안에 상대와 가까워져야 한다는 뜻이다. 이는 다시 말해 시작하기와 실험하기, 강화하기와 같은 단계를 순식간에 해치워야 함을 가리킨다. 하지만 이 초기 단계는 관계의 질을 결정하는 매우 중요한 단계로, 효과적인 관계, 친밀한 관계를 형성하기 위해 반드시 거쳐야 할 시기이기도 하다.

바로 이 단계에서 수다가 간과할 수 없는 중요한 역할을 한다. 나아가 관계 변천의 세 단계에서 수다는 매우 중요한 요소다. 이제 막 알게 된 시기든 매우 친밀한 상태든, 질 높은 수다를 나눌 수 있느냐 없느냐는 그 관계가 어디로 가야 할지 방향성을 나타내는 중요한 척도가 되기도 한다. 결혼한 지 오래된 부부는 관계의 질과 행복지수가 상당 부분 이야기가 통하느냐 아니냐에 따라 결정된다는 사실을 알고 있다. 수다는 매우 근사한 일일 뿐 아니라 관계에서 없어서는 안 될 중요한 요소라는 점을 알 수 있는 대목이다.

여기에 이르면 한 가지 궁금증이 생긴다. '그렇다면 수다를 떨 때 어떤 주제로 이야기를 나눠야 할까? 쉽게 알아볼 방법은 없을까?'

'친구 소식' 참고하기

메신저를 열면 친구 소식을 전해주는 창이 있다. 메신저를 사용하는 사람이라면 대부분이 활용하고 있을 것이다. 여기서 수시로 올라오는 친구들의 새 글을 접할 수 있다. 그러나 이것이 수다와 비슷한 요소를 지녔다는 사실을 미처 깨닫지 못한 사람들이 있을 것이다.

한 친구가 내게 자기의 SNS 친구들 소식을 보여줬다. 나는 순서대로 읽어내려갔다.

-A: 어제 샐러드가 먹고 싶다고 했더니 남편이 직접 만들어왔다! 진짜 눈물 날 뻔. 덴마크에서 공연 후 급하게 돌아오며 길에서 먹은 후 처음이었다. 영국에서는 그렇게 찾아도 없었는데! 여보, 고마워!

-B: 이곳 날씨는 진짜……. 어제는 쪄 죽을 것 같더니 오늘은 추워죽겠다. 으악!

-(한 헬스장 트레이너가 자기 회원을 도와 트레이닝을 하는 동영상)

-C: 절에 다녀왔다. 그곳의 역사적 정취와 아름다운 풍경, 편안함과 고즈넉한 분위기까지 모두 흠잡을 데 없었다. 온천은 물론 식사까지 완벽했다. 가격도 훌륭했다.

-D: (여덟 장의 사진 업로드) 모임. 환송. 즐거움. 인생은 술과 함께!

위의 몇 가지 소식만 봐도 '샐러드를 좋아함', '열심히 헬스장에서 운동하는 회원', '가성비 높은 여행지', '친구 모임' 등의 갖가지 정보가 담겨 있다. 이것을 어떻게 활용할 수 있을까?

내가 이해한 바로는 사람들이 SNS에 새 글을 올리는 이유는 다른 사람들이 알아주길 바라서다. 그럼 그들의 소식에 주의를 기울이고 있다는 걸 어떻게 알려줄 수 있을까? 당연히 '좋아요'를 누르거나 댓글을 남기면 된다. 이렇듯 우리는 SNS를 통해 짧은 소통을 완성할 수 있다. 이 소통은 1:1이 될 수도 있고 1:다수가 될 수도 있다. 어찌 됐건 'SNS'에 소식을 올리는 행위는 '대화 요청'이라는 뜻으로도 해석할 수 있다. 만일 당신이 새 소식을 올린다면 그것은 다른 사람에게 대화 요청을 하는 것과 같다. 동의하는가?

바로 이런 점이 수다와 비슷하다. 수다는 일종의 신호이자 'SNS'보다 더 분명한 '대화 요청'이다. 요청이 오면 반응하는 게 인지상정이다. 이때 나누는 수다의 화제가 중요하다.

하지만 부담스러워할 필요 없다. SNS에서 우리에게 주어진 이야깃거리는 구체적이고 다양하다. 동시에 우리는 다음과 같은 사실을 이해할 수 있다.

1) 아무리 사소한 일이라도 수다의 소재가 될 수 있다. 이 소재는 편

안하게, 이야기가 흘러가는 대로 변할 수 있으며, 사전에 따로 준비하거나 신중하게 고민할 필요가 없다.

2) 어떤 화제든 내용이 구체적이고 상세할수록 상대와 거리를 좁히는 데 유리하다. 구체적인 화제여야 상대가 당신이 보낸 '대화 요청'을 쉽게 승낙할 수 있기 때문이다.

3) 수다는 일종의 실험적 채널이다. 이 관계를 계속 유지해도 될지 말지를 평가할 근거를 마련해주기 때문이다. 수다는 관계를 따뜻하게 만드는 안전한 방법이기도 하다. 그러니 그 관계를 유지하기로 결정하기 전에는 너무 많은 도전이나 실험은 삼가는 것이 좋다.

두 사람의 관계가 시작 단계에서 강화 단계로 발전하면 대화 방법에도 일련의 변화가 생긴다. 상대에게 감정을 토로하는 횟수가 많아지는 것이다.

이때 수다는 여전히 중요한 역할을 하는데 다만 비언어적인 대화 사이에서 보조 수단 정도로 사용하는 것이 좋다. 예를 들어 친구를 위해 재미있는 파이를 계획하거나 여행지의 기념품을 선물하고 친구의 가정사 등을 알아갈 때 수다를 보조 도구로 활용하는 것이다.

비록 보조 수단이지만 이 단계에서 수다의 목적성은 전보다 훨씬 강해진다. 하지만 기억해라. 수다야말로 현존하는 관계를 심도 있게 발전시킬 절호의 무기다. 많은 관계가 발전 단계의 끝에 다다르면, 특히 결혼 이후에는 서로에 대한 관심이 확연히 줄어들고 차가워진다. 상당 부분 더는 상대와 수다를 떨고 싶은 흥미가 떨어지기 때문이다.

사실 SNS 말고도 수다를 잘 떨 수 있는 다섯 가지 방법이 있다. 미끼 던지기, 인터뷰 형태의 대화 나누기, 서로의 '선호도 지도' 그려보기, 듣기 좋은 말 정리하기, 자기 노출하기 등이다.

수다는 모든 사람이 지닌 능력이다. 이를 통해 대화의 즐거움을 마음껏 누리고 관계에서 생각지 못한 결과물을 얻어내길 희망한다.

적당한 의존증으로
행복 누리기

제인과 나는 지금까지 총 세 번 만났다. 세 번째 만남에서 그녀가 내게 상담한 내용은 이전에 만났을 때의 내용과 크게 다를 것이 없었다. 그녀의 고민은 이랬다. "저는 그를 너무 사랑해요. 하지만 시간이 갈수록 불안해요."

그녀의 남자 친구는 명문대 졸업생에 해외 유학파였다. 베이징에 있는 한 투자회사에 취직한 뒤 두 사람은 그곳에서 첫눈에 반해 열렬히 사랑했다. 내 앞에서 그녀는 남자 친구에 대한 무한한 사랑을 아낌없이 드러냈다. 하지만 그 사랑은 사사건건 그에게 의존하는 모습으로 빠르게 변해갔다. 어떤 재테크 상품에 투자해야 할지를 묻는 것은 물론 회사 홍보 문구를 대신 써달라고도 했다. 나아가 무슨 음식을 시켜 먹을지, 어떤 영화를 볼지, 비행기나 기차 티켓은 뭘 살지 등 아주 작은 일까지 모두 남자 친구에게 물어 동의를 얻었다. 그녀는 "그건 날 사랑하는지 아닌지 시험하는' 것"이라고 말했다.

그녀의 남자 친구도 처음에는 대수롭지 않게 생각했다. 심지어 그녀가 자기에게 의존하는 모습을 보고 일종의 성취감까지 느꼈다. 하지만 몇 달이 지나자 그는 참지 못하고 결국 폭발해버렸다. "내가 네 가정부니? 너는 손이 없어 발이 없어!" 그는 이 말을 남긴 뒤 문을 박차고 그녀의 집을 나갔다.

그런데 싸우고 나서도 그녀는 깨닫지 못했다. 오히려 그가 자신을 사랑하지 않는 게 아닐까 하고 생각했다. 그래서 처음에는 남자 친구를 들들 볶다가 금방 불쌍한 척을 했다가 이내 심한 말을 퍼부었다. 심지어 그가 보는 앞에서 테라스로 달려 나가 한쪽 발을 난간에 걸친 채 "너 또 그러면 나 뛰어내릴 거야!"라고 협박하기도 했다.

결국 그 불쌍한 남자 친구는 보직 전환을 이유로 베이징을 떠났고, 그렇게 제인도 떠났다.

과잉 의존이 나타나는 이유

어쩌면 제인의 이야기가 너무 극단적일 수도 있다. 하지만 과잉 의존은 두 사람의 관계에서 보편적으로 나타나는 문제다. 왜 그럴까? 심리학자이자 의존증 문제 영역의 권위자인 번스타인 박사는 "사람의 의존증은 유아기의 '애착 유형'과 '관계 각본'에 의해 결정된다"라고 주장했다.

애착 유형은 크게 안정 애착, 불안정 애착, 회피 애착으로 나뉜다.

번스타인 박사는 "연구 결과 안정 애착을 가진 여아는 성인이 된 후 강인하고 자신감 있는 여성으로 변했다. 반면 회피 애착을 가진 남아는 이후 냉정하고 무리를 싫어하는 사람으로 자랐다"고 밝혔다.

그가 말한 과잉 의존의 또 다른 원인, 즉 '관계 각본'은 '다른 사람이 나를 어떻게 생각할까?'에 대한 자기만의 생각이다. 이는 자기와 다른 사람을 어떻게 바라보는지를 결정하는 중요한 요인이기도 하다.

관계 각본 역시 세 가지 유형으로 나뉜다. '누군가 내 곁에 있다'는 각본, '나 혼자서는 안 된다'는 각본, 그리고 '나 혼자뿐이다'라는 각본이다.

그렇다면 과잉 의존은 어떤 애착 유형과 관계 각본에서 비롯되는 것일까? 바로 불안정 애착과 '나 혼자서는 안 된다'는 각본이다. 불안정 애착을 지닌 사람은 어릴 때부터 담이 작고 쉽게 분노한다. 그들은 늘 자기를 돌봐주는 사람이 언제든 떠날 거라고 생각하거나 자기를 버릴까 봐 불안해한다. 사람들이 많이 쓰는 '분리 불안'과도 같다.

이런 애착 유형을 지닌 사람들은 자연스럽게 '나 혼자서는 안 돼'라는 생각을 한다. 즉, '나는 다른 사람의 도움 없이는 절대 생존할 수 없어'라는 생각을 하게 되는 것이다.

이런 관계 각본은 대부분 유아기에 부모의 과잉보호나 지나치게 엄격한 훈육을 받고 자란 경우 형성된다. 이 경우 아이는 스스로 나약하고 무능한 존재라고 느끼거나 소극적인 모습으로 부모의 명령에 복종한다.

그들은 늘 자기를 부정하며 누군가에게 보호받기를 강렬히 원한다. 그래서 습관적으로 다른 사람의 기분을 맞춰주고 즐겁게 해주면서 정작 자기는 포기한다. 이것이 바로 과잉 의존의 근본 원인이다.

과잉 의존을 고치는 법

과잉 의존의 근본 원인이 유아기에 형성되어 지금까지 이어져 오고 있다 해도 고칠 방법이 전혀 없는 것은 아니다. 후천적인 노력으로 생각 체계를 완전히 바꿀 수 있고, 나아가 관계를 형성하는 태도를 변화시킬 수 있다.

여기서는 세 가지 방법을 소개한다.

첫째, 과잉 의존이 나타나기 전에 냉정하게 생각해봐라. '지금 이 일을 나 혼자 해결할 방법은 없을까?'

제인 이야기를 예로 들어보자. 그녀는 회사 홍보 문구를 남자 친구에게 대신 써달라고 했다. 하지만 남자 친구에게 부탁하기 전에 자기 스스로 그 일을 어떻게 처리할지 생각해봤어야 한다.

1) 다른 회사는 어떻게 썼는지 인터넷을 찾아봐야겠어. 보다 보면 아이디어가 떠오를 거야.
2) 이런 것과 관련된 수업은 없을까?
3) 좋든 나쁘든 먼저 써보자. 그런 다음 동료들에게 보여주고 의견을 물어봐야겠어.

둘째, 대체 방안을 모색하라.

처리해야 할 일이 긴급한 경우, 혹은 검색이나 수업 등을 통해 해결할 수 없는 경우라면 대체 방안을 생각해보는 것이 좋다.

다시 제인의 예를 들어보면, 남자 친구 외에 도움을 줄 다른 사람을 찾아보는 것이다.

1) 이런 일을 하는 친구에게 물어볼까?
2) 어떻게 쓰는 게 좋은지 동료에게 물어볼까?
3) 회사에서 이전에 사용했던 홍보 문구를 참고해볼까?

대체 방안의 좋은 점은 습관적으로 의존 대상을 찾는 데서 벗어날 수 있다는 점이다. 다시 말해 '일이 생기기만 하면 남자 친구를 찾는' 제인의 습관적 행위를 끊을 수 있다. 그리고 위의 두 가지 방법 모두 효과가 없다고 생각되면 그때 남자 친구를 찾아가면 된다.

셋째, 해결 방안을 자문하고 대신 처리하게 하지 마라.

샤오리는 자기가 힘든 점과 어려움을 남자 친구에게 털어놓고 홍보 문구를 어떻게 쓰는 것이 좋을지 괜찮은 아이디어를 묻거나 꼭 들어가야 할 내용이 무엇인지 등에 관해 물어볼 수 있었다. 그렇다고 해서 이 일을 남자 친구 손에 넘기면 안 되고 반드시 자신이 끝까지 완성해야 한다.

상대에게 모든 걸 맡기는 과잉 의존을 '적당한 의존'으로 바꾸는 것이다.

적당한 의존

과잉 의존을 끊는다는 것이 친밀한 관계로부터 멀어지라는 뜻이 아님을 알아두길 바란다. 반대로 적당한 의존이 있어야만 주변 사람들과 더 친해질 수 있다.

이에 관한 번스타인 박사의 말을 참고해볼 수 있다. "적당한 의존은 상대를 충분히 신뢰한다는 뜻으로, 마음을 열어 자기의 나약한 면모

를 보여준다는 의미다. 또 타인에게 기대는 동시에 강한 자의식을
유지함으로써 필요할 때 다른 사람에게 기꺼이 도움을 요청할 수
있고 이 때문에 자책하는 일이 없다."

  자신의 일은 누군가를 귀찮게 하기 전에 스스로 처리할 줄 알아
야 한다.

제5장

상냥하지만
만만하지 않은
사람

사람들은 종종 자기 인생이 얼마나 드라마틱한지
마지막에 가서야 알아챈다.
그들은 항상 다른 사람에게 일어나는 크고 작은 사건 사고들에만
주목하면서 이상하리만치 놀라움을 느끼지만,
그 이면의 것은 보지 못한다.
자신의 인생 역시 그런 일들로 가득하다는 것을 말이다.

-어빙 폴스터

내성적인 사람들을 위한
카리스마 기르기

'정말 평범해 보이는 사람인데 왜 말을 하면 '후광'이 비칠까?'

'어째서 그 사람은 어딜 가나 인기가 좋을까?'

'그 사람은 어떻게 그 짧은 시간에 사람들을 설득할 수 있었을까?'

'정말 어려운 문제들도 왜 그 사람 손에만 들어가면 쉽게 해결 될까?'

혹시 당신도 이런 생각을 해본 적 있는가?

만약 이런 생각을 해본 적이 있다면 당신 역시 '카리스마'에 관해 고민하기 시작했다는 의미다. "목소리가 없다면 천상의 하모니도 없다"는 광고 문구가 있다. 인간관계도 마찬가지다. 카리스마가 없 으면 아무리 쉬운 일도 처리하기 어렵다.

카리스마란 무엇인가?

카리스마와 기질은 비슷한 면이 많다. 둘 다 한 개인이 지닌 학식이나 교양, 그 사람이 살아온 과정을 드러내기 때문이다. 다른 점은 기질은 그가 처한 상태나 상황을 반영하는 반면, 카리스마는 그 사람이 외부에 미치는 영향력을 가늠하는 기준이 된다는 것이다.

기질은 출중하지 않지만 카리스마가 넘치는 사람이 있다. 알리바바 그룹의 마윈馬雲 회장이 대표적인 인물이다. 그의 연설이나 발언은 대중의 폭발적인 관심을 불러일으킨다. 애플의 스티브 잡스는 이런 면에서 특히 뛰어난 사람이었다. 그들이 카리스마를 발산할 수 있는 건 그 뒤에 세계적인 회사가 받쳐주고 있기 때문이라고 말하는 사람도 있을 것이다. 만일 마윈이 그저 평범한 샐러리맨이었면, 스티브 잡스가 맥도날드의 직원이었다면 누가 그들의 말에 주목하겠냐고 말이다.

틀린 말은 아니다. 그들의 기업이 그들에게 힘을 더해준 것은 맞다. 그런데 카리스마 넘치는 사람들이 말하는 방식을 조금만 주의를 기울여 관찰해보면 그들의 말투에는 닮은 점이 많다. 지금부터 나는 그 닮은 점 여덟 가지를 하나씩 열거해보고자 한다. 이 스킬을 사용한다면 내성적이거나 소심한 사람이라도 자신이 지닌 카리스마를 마음껏 발산할 수 있을 것이다. 또 꾸며낸 거짓 모습으로 사람들의 관심을 사는 일도 없을 것이다.

하나, 말은 조리 있게

나는 요즘 말 좀 한다는 인기 작가들을 유심히 살펴보고 다음과 같은 사실을 깨달았다. 그들은 공식적인 자리에서든 사적인 자리에서든 두서없는 말을 뱉는 법이 없다. 그들의 말은 유창할 뿐 아니라 깔끔하게 정돈된 느낌이며 설득력도 강하다. 이렇듯 공식 회의나 연설, 업무 보고나 심지어 소개팅을 하는 자리에서도 앞뒤 맥락에 맞춰 말을 정리해야 한다. 특히 말을 더듬는 것은 금물이다. 자칫 이미지에 큰 타격을 입을 수 있다.

둘, 군소리 줄이기

흔히 사용하는 군소리가 '아니', '내 생각에는', '그……', '저……', '그러니까' 등이다. 일상생활에서야 이런 말을 사용해도 그리 큰 문제가 되지 않지만, 중요한 장소에서는 자신감과 전문성이 떨어지는 듯한 인상을 줄 수 있다. 이 버릇은 카리스마를 키우는 데 결정적 장애 요소가 되므로, 군소리를 줄이고 생각을 정리해서 간결하게 말해야 한다.

셋, 신선한 어휘 사용하기

신선한 어휘란 새로운 어휘의 조합을 말한다. 두 개의 상관없는, 보통의 어휘를 조합해 새로운 어휘를 만들어 신개념을 표현해내는 것이다. '감성'과 '충전'이라는 두 단어를 예로 들어보자. 하나씩 띄어놓고 보면 그리 특별할 게 없다. 하지만 이 두 단어를 합치면 어떤가? '감성 충전'이라는 말은 다른 느낌을 주지 않는가? 이런 식으로 사용해볼 수 있다.

> "진짜 이 영화로 오랜만에 감성 충전했어. 마음이 정말 따뜻해지는 영화야."
>
> "저는 따리(大理, 윈난云南성에 소재하는 지명)의 풍경을 좋아해요. 따리는 바쁜 도시 생활에 지친 사람들에게 감성을 충전해주는 곳이에요."

긍정적인 어휘 사용 역시 중요하다. 예전에는 경제적 이득이나 명예를 얻기 위해 사람들에게 친근하게 다가가는 사람들을 일컬어 권력에 '빌붙는다'는 표현을 사용했다. 하지만 '빌붙는다'는 표현에는 나쁜 의미가 담겨 있다. 대신 '사교 주도형'이라는 표현을 사용해보는 것은 어떨까? 상대를 폄하하는 느낌은 단번에 사라지고 재치 있는 느낌을 주지 않는가?

넷, 숫자로 말하기

숫자로 말하라는 것은 데이터만 전달하라는 뜻이 아니다. 어려운 정보를 전달할 때 숫자를 사용해 듣는 사람이 이해하기 쉽게 설명하라는 뜻이다.

2005년, 애플에서 30GB 메모리 사양의 새로운 아이패드Pad를 출시
했다. 대다수 소비자는 30GB가 어떤 개념인지 잘 몰랐다. 그저 8GB
보다는 더 큰 것이겠거니 생각하는 수준이었다. 잡스는 이 문제를 인
식하고 숫자로 30GB의 개념을 쉽게 풀어 설명했다. "30GB 저장 공
간에는 7천5백 곡의 노래와 2만 5천 장의 사진, 혹은 75시간짜리 영
상을 담을 수 있습니다."

당신이 생각 없이 내뱉는 숫자는 상대에게 큰 영향을 주지 못한
다. 하지만 그 숫자에 의미를 부여하는 순간 그 영향력이 달라지며
카리스마가 더해진다.

다섯, 핵심을 나중에 말하기

묻고 대답하는 것은 일반적이고 지극히 정상적인 대화 방식이다.
선생님이 질문하면 학생이 대답하는 것처럼 말이다. 그런데 이 방식
에 조금 변화를 주어보자. 상대의 질문에 대답하고자 하는 내용을
말끝에 배치하는 것이다. 그러면 생각지 못한 효과를 얻을 수 있다.
예를 들어보자.

상사: "장 대리, 이번 프로젝트 기획안은 다 작성했나?"

보통 이럴 때 "네, 끝냈습니다"라든가, "아니요. 아직 조금 남았습니다. 어제 열이 많이 나고 몸이 너무 아팠습니다"라고 대답한다.

그런데 이렇게 대답하면 장 대리에게 좋을 게 없다. 상사 앞에서 주눅이 들고 만다. 그럼 말의 순서를 조금 바꿔서 이렇게 말해보면 어떨까?

장 대리: "어제 열이 39도까지 오르는 바람에 밤새 응급실에서 수액을 맞았습니다. 하지만 그런 상황에서도 거의 다 완성했습니다. 조금만 더 하면 됩니다."

여섯, 대구법 많이 사용하기

사실 일상 대화에서 대구법을 사용하는 것이 그리 쉬운 일은 아니다. 그러니 무리하게 강요하진 않겠다. 하지만 연설이나 업무 보고를 할 때, 혹은 협상을 진행할 때 대구법을 적절히 사용한다면 그 카리스마로 상대를 사로잡고 만족스러운 결과를 얻을 수 있을 것이다.

미국 드라마 〈뉴스룸The Newsroom〉 시즌 1의 1화에 남자 주인공 윌과 두 명의 패널이 한 대학교 강연에 초청되어 연설을 한 뒤 질의응

답을 하는 장면이 나온다. 그중 한 여학생이 "미국이 왜 세계에서 가장 위대한 국가인가?"라고 묻자 윌은 대구법을 사용해 이렇게 대답한다.

"미국은 위대한 나라가 아니야. 그게 내 답변이야. 우리가 뛰어난 건 딱 세 가지뿐이지. 인구당 감옥에 가는 비율, 천사가 진짜라고 믿는 성인 비율, 그리고 국가 방위비. 방위비는 2위부터 25위까지의 국가들을 합친 것보다 더 많아……. 물론 위대했던 적이 있었지. 옳은 일을 위해서 일어섰고, 도덕을 위해서 투쟁했어. 도덕적인 이유로 법을 만들기도 또 폐지하기도 했지. 가난을 물리치려고도 했지만 가난한 사람이랑 싸운 건 아냐. 희생도 하고, 이웃을 걱정했지. 신념을 위해서 돈을 모금했고, 그런 거로 자랑 따위 하지 않았어. 위대한 것들을 이뤘지. 엄청난 과학적 발전도 이뤘고, 우주를 탐사하고, 질병도 치료했어. 세계적인 예술가들도 길러냈고, 세계 최고의 경제도 일궈냈어……."

대단한 카리스마가 느껴지는 대사다.
일곱, 너무 큰 소리로 말하지 않기
예전에는 목소리가 크고 높을수록 카리스마가 느껴진다고 생각하는 사람이 많았다. 하지만 그렇지 않다. 생각해보라. 식당에서 밥을 먹고 있는데 옆 테이블에 앉은 사람들이 큰 소리로 웃고 떠들면 그들이 정말 멋지다는 생각이 드는가? 공공장소에서 목소리를 높이는 사람들은 교양 없고 예의를 모르는 이들이라는 인상을 남긴다. 나아가 그저 큰 소리로 자기를 뽐내고 싶어 하는 사람들이라는 생각을 하게 한다.

직장이나 가정, 또는 친구들과의 모임에서 주의 깊게 살펴보길 바란다. 진짜로 영향력 있는 사람들은 말이 많지 않고 목소리도 크지 않다. 하지만 말 한마디에도 사람들의 주의를 끈다.

여덟, 인터넷 용어 사용 자제하기

'핵인싸', '별다줄', '존맛탱', '마상', '복세편살'……. 이러한 인터넷 용어들을 많이 사용하면 고상한 이미지를 만들기가 어렵다. 이는 당신의 언어 수준을 낮추며 카리스마에 타격을 준다. 특히 상사나 업무 파트너, 혹은 자기보다 신분이 높은 사람과 대화할 때는(SNS 메신저 포함) 인터넷 용어 사용은 최대한 자제하는 것이 좋다.

만약 이 여덟 가지를 일상 대화 속에 잘 응용할 수 있다면, 당신은 자연스레 카리스마 있는 사람으로 변할 것이다.

카리스마에 관한 흔한 오해

먼저 카리스마는 중성적인 어휘라는 점을 강조하고 싶다. 모든 사람에겐 독특한 자기만의 카리스마가 있다. 밝은 에너지의 카리스마를 뿜내는 사람이 있는가 하면 과묵하고 진중한 카리스마를 드러내는 사람도 있다. 카리스마는 우리에게 행운을 가져다주기도 하지만 이에 대한 착각 때문에 일을 그르치기도 한다.

상하이에 있는 한 출판사에서 편집을 맡고 있는 W는 최근 한 작가와 관계가 좋지 않다. 아직 둘이 만난 적은 없지만, W는 그가 겉으로만 자기의 의견에 동의할 뿐 마음속으로는 전혀 그렇지 않다는 것을 느낄 수 있었다. 이미 두 달 전에 개정판에 관해 기획안을 내놓았지만, 작가는 전혀 실행에 옮기고 있지 않았다. 원고 마감 날짜가 눈앞으로 성큼 다가왔는데도 진전이 없자 마음을 졸이던 W는 결국 해결 방법을 찾기 위해 나를 찾아왔다.

W와의 대화를 통해 나는 그녀가 어디서 실수를 저질렀는지 짐작할 수 있었다. W는 작가와 그 일에 관해 이야기하면서 처음부터 원고는 어떻게 써야 하는지, 제목은 어떻게 고쳐야 하는지, 매주 어떤 요일에 원고를 넘겨야 하는지 등의 요구사항을 통보했다. 나는 그녀에게 왜 그런 방식으로 대화했는지 물었다. 그러자 그녀는 "그래야 전문적으로 보이죠!"라고 대답했다. 씁쓸했다.

많은 사람이 그녀와 같은 실수를 저지른다. 간단명료하게, 본론부터 말하는 것이 훨씬 효율적이고 카리스마 있다고 착각한다. 그러나 소통의 효율은 먼저 서로 간의 호감과 신뢰를 기반으로 한다. 카리스마의 뜻은 '인간미 없는' 냉정함이 아니다. W의 태도는 처음부터 작가에게 불편함을 느끼게 했다. 상대에게 존중받지 못한다는 느낌을 주었기 때문이었다.

시간이 지나자 작가는 바쁘다는 이유로 W에게 메신저 답장조차 보내지 않았다. W가 수차례 전화를 건 끝에 통화가 되었지만, 작가는 이렇게 말했다고 한다. "지금 그 일이 그렇게 급해요? 저도 할 일이 많아요. 제가 그 일에만 매달릴 수는 없는 노릇이잖아요!"

나는 W에게 거북하고 껄끄러운 감정은 한쪽으로 치워두고 다음과 같은 방법으로 카리스마를 제대로 회복하라고 제안했다.

카리스마를 회복하는 네 가지 방법

첫째, 작가의 문장을 꼼꼼히 살펴보고 그 사람을 이해할 것

W는 편집자이긴 하지만 작가에 관해 모르는 것이 많았다. 심지어 별로 관심이 없는 것 같았다. 그런 상황에서는 W가 메신저와 같은 텍스트만으로 작가의 흥미를 불러일으키기는 어려웠다. 그 작가가 어떤 사람인지, 그의 성격과 살아온 날들이 어땠는지 이해하려면

먼저 그의 글을 열심히, 정독해서 읽을 필요가 있었다.

둘째, 대화의 방식을 바꿔서 다시 연락할 것

작가에게 몇 번 거절을 당하고 나자 W는 그 프로젝트에 일종의 거부감이 생겼다. 작가를 만나 이야기할 일만 생각하면 머릿속이 복잡하고 가슴이 답답해졌다. 하지만 내가 보기엔 그것이야말로 작가와의 관계를 회복할 기회였다. 이전에 W의 다소 일방적이고 사무적인 말투가 그에게 좋지 않은 인상을 남겼다면, 이번 기회에 사과의 뜻을 전하고 오해를 풀면 되는 것이었다. 그러면 분명히 다시 대화를 이어갈 수 있으리라고 확신했다.

현재는 W가 작가와 업무에 관해 말하기에는 시기적으로 다소 부적절했다. 지금은 '메타 커뮤니케이션(meta-communication, 의사소통 과정에서 전달되는 메시지 안에 함축된 메시지)'으로 다시 신뢰를 쌓는 편이 훨씬 좋았다.

셋째, 상대가 관심을 보이는 화제에 관해 많이 얘기할 것

나는 W에게 둘이 이야기할 수 있는 주제는 무궁무진하지만 그렇다고 아무 이야기나 해서는 안 된다고 얘기했다. 정해진 주제 없이 이런저런 말만 늘어놓는 사람을 좋아하는 사람이 있을 리 만무하다. 그러니 대화를 통해 작가와 가까워지고 싶다면 그가 관심을 보이는 일에 관해 대화를 많이 나누라고 조언했다.

여기서 잠깐 내 경험담을 소개하고자 한다.

2017년 봄, 내가 활동하고 있는 '연애성장학회'에서 내 칼럼 편집을 담당할 새로운 편집자를 고용했다. 그녀와 메신저로 대화를 주고받으면서 나는 단 한 시간 만에 그녀에게 강한 호감을 느꼈다. 그때는 우리가 아직 만나기도 전이었다. 그녀가 대체 어떻게 했기에 그랬을까? 사실 정말 간단했다. 그녀는 내게 다음과 같은 몇 가지 질문을 했다. "언제부터 대인관계 소통이라는 영역에 관심을 갖기 시작하셨나요?", "이 영역에 대한 연구를 진행하도록 만든 특별하고 결정적인 계기가 있었나요?", "책을 쓰는 1년 동안 작가님에게 생긴 가장 큰 변화는 무엇인가요?"…….

비록 메신저로 나눈 대화였지만 나는 정말로 그 대화에 흠뻑 빠져들었다. 그리고 놀랐다. 그녀가 내 글에 정말 많은 관심을 가지고 있었기 때문이다. 나는 그녀가 빈말이 아닌 의미 있는 질문을 해준 것에 진심으로 감사했다. 약 한 시간 동안의 대화를 통해 나는 더 이상 그녀가 낯설게 느껴지지 않았고, 심지어 이런 인연을 만난 것에 감사하는 마음이 생겼다. 나중에 업무적으로 대화를 나눌 때도 전혀 막힘이 없었고 그만큼 효율이 나왔다.

넷째, 아무리 친한 사이라도 상대를 존중할 것

존중은 대화의 가장 기본이다. 상대와 어떤 관계를 맺고 있든, 서로의 신분이 어떠하든 항상 상대방을 존중해야 한다. 직장생활을 하는 사람이라면 동료와 고객을 존중해야 한다는 사실을 잘 알고 있다. 그리고 이는 어려운 일이 아니다. 어려운 건 가깝고 친한 사이에도 상대방을 존중하고 예의를 갖추는 것이다.

　W의 문제점은 자기가 작가와 어느 정도 친분이 있다고 생각해 예의를 갖추지 않았고, 심지어 오만한 말투를 사용했다는 점이었다. 게다가 문자로만 소통할 경우 상대방의 오해를 살 여지가 많아 관계가 틀어지는 것은 불 보듯 뻔한 일이었다. 나는 그녀에게 앞으로는 절대 그 작가에게 "이 문장은 별로예요"라는 등의 말은 하지 말고, 그 작가에 관해 다른 사람과 뒤에서 얘기하지 말라고 당부했다.

직장 외 다른 공간에서의 교류 시간 활용

베이징, 상하이와 같은 일선 도시들은 생활 패턴이나 업무 리듬이 매우 빠르다. 그래서 이제 막 입사한 신입사원들의 경우 평소 다른 동료와의 관계에 대해 생각할 시간도 없거니와 그들의 심리를 헤아릴 여력이 없다. 다른 사람들과 어떤 주제로 대화를 나눌지 고민할 시간이 없는 것은 말할 것도 없다. 누군가 말을 걸어오면 그제야 억지로 화제를 생각하며 이야기를 하지만 어디까지, 어떻게 말하는 것이 좋을지 도무지 감을 잡지 못한다.

그런데 중요한 일들은 평소에 웃으며 나누는 대화 속에서 이뤄진다. 환경이나 장소만 바꿔도 대화의 주제는 다양해진다. 평소 별로 웃으며 대화를 나눠본 적 없는 동료라 할지라도 같이 맥주 한잔 마시며 편안한 분위기에서 대화를 나누면 마음도 열린다.

우리가 앞으로 언제, 누구에게, 어떻게 도움을 받게 될지는 아무도 모른다. 그래서 사교적인 사람들은 주변 사람들에게 늘 예의 바르고 친절하며 모든 일에 열심히 임하는 좋은 인상을 남긴다. 누군가에게 도움을 청할 때 어려움이 없으려면 파트너나 직장 동료들과 연락을 지속하는 것이 좋다. 또 직장이나 업무 공간이 아닌 곳에서 교류하는 시간도 늘려야 한다.

새로운 카리스마로 다가가기

W는 나의 조언을 받아들여 며칠 동안 말하는 방식을 수정했다. 그녀는 자기가 잘못 알고 있었던 것들을 인식하고 개선 방안을 찾아냈다. 얼마 후 그녀는 작가와 나눈 메신저의 대화 내용 일부를 캡처해서 내게 보냈다.

W: 선생님, 안녕하세요?(예의상 이렇게 호칭하는 건 아닙니다. 선생님의 작품을 전부 읽어보고 존경심이 들었기 때문입니다.) 최근 개정판 작업과 관

련해 저희의 미숙함으로 선생님께 반복해서 원고 수정을 부탁드렸습니다. 게다가 제가 요즘 또 다른 프로젝트를 동시에 진행하다 보니 선생님과 충분히 소통할 시간이 없어 오해를 초래한 것 같습니다. 지금까지 선생님께 불편을 끼쳐드린 점 진심으로 사과드립니다.

작가: (웃는 이모티콘)

W: 지금 제가 선생님께서 마감해주신 원고 여섯 편을 가지고 있습니다. 회사에서 신중히 검토해본 결과 선생님과 의논드리고 싶은 점이 몇 가지 있습니다. 선생님의 예전 작품들을 참고해봤을 때 제 생각에는 이 여섯 편에 선생님께서 말씀하시고 싶은 점이 충분히 드러나지 않은 것 같습니다. 아직 선생님을 직접 뵙진 못했지만 여섯 편의 원고에 선생님의 진짜 실력이 충분히 반영되지 않은 것 같다는 생각이 듭니다. 선생님께서 이 원고 작업을 위해 시간과 공을 많이 들이신 거로 압니다. 이 프로젝트의 책임자로서 선생님의 그 공로를 작품 속에 최고의 수준으로 반영시켜야 한다는 사명감을 느낍니다. 그래서 이번 주에 시간이 되신다면 직접 뵙고 이야기를 나누고 싶습니다. 괜찮으신가요?

작가: 그렇게 합시다. 안 그래도 전체적인 틀을 한번 수정해야겠다고

생각하던 참이었어요. 내일 오후에 만나죠.

W가 새로운 모습으로 작가를 대하자 어그러진 관계가 회복되었을 뿐 아니라 오해를 풀 기회도 얻었다. 이런 말투와 카리스마는 자연스럽게 사람을 감동시킨다. 많은 경우 충분한 준비 끝에 현실을 마주하면, 절대 해결할 수 없을 거라고 생각했던 일들이 사실은 그렇지 않다는 걸 발견하게 된다. 이미지도 개선되고 카리스마도 뽐낼 수 있게 되었는데 계속해서 상대가 당신의 부탁을 거절하진 않을까 염려하겠는가? 고객이 떠나버리진 않을까 계속해서 걱정하겠는가? 진실하고 겸손한 태도로 대화를 이어가려는 사람을 공격적으로 대하는 사람은 많지 않다. 그렇게 당신은 인간관계에서 승리를 거머쥔 승자가 될 수 있다.

현명한 중재자가
되는 법

한번은 내 자리에서 학생들에게 메시지를 회신해주고 있는데 회의실 한편에서 S와 J가 말다툼하는 소리가 들렸다. 그들은 한 유명 작가와의 온라인 토크 프로그램을 기획하고 있었는데, 내용을 어떻게 구성할 것인지에 관해 계속 의견이 충돌하는 모양이었다.

내가 회의실에 들어갔지만 둘의 말다툼은 끝날 기미가 보이지 않았다. 오히려 더 심해지고 있었다.

"새로 나온 책에 대한 작가의 코멘트가 있어야지. 그리고 작가가 평소에는 뭘 하는지, 어떤 생각을 하는지도 보여줘야 해."

S의 의견에 J가 반대하며 말했다.

"네 생각대로 만들면 그야말로 쓰레기 프로그램이 되는 거야. 그런 프로그램은 사람들이 거들떠보지도 않는다고."

그 말을 들은 S의 얼굴이 새빨개지더니 목소리를 높였다.

"뭐? 쓰레기 프로그램? 그건 예전에 네가 나한테 제안했던 내용들이야. 기껏 생각해서 말해줬더니, 뭐라고?"

화를 주체하지 못하는 두 사람의 모습을 보고 내가 입을 열었다.

"음, 지금 두 사람이 의견 차이가 있는 건 알겠어. S는 그동안 줄곧 텔레비전 프로그램 기획을 맡아왔기 때문에 이번에는 다른 각도에서 작가의 면모를 보여주고 싶은 거야. 그럴 수 있다고 생각해. J는 사람들 눈을 번쩍 뜨이게 할 만한, 예전과는 다른 프로그램을 만들어보고 싶은 거고. 그러니까 지금까지 했던 방식으로는 하기 싫은 거겠지."

내 말을 들은 두 사람은 동시에 고개를 끄덕였다.

"사실 둘의 생각 모두 아무런 문제가 없다고 생각해. 하지만 이 프로그램의 취지를 생각해봐. 둘은 이 프로그램으로 어떤 문제를 해결하고 싶은 거야? 어떤 목표를 달성하고 싶은 거지?"

"S, 내 취지는 특별한 토크 프로그램을 만들어보고 싶은 거야. 그런데 작가가 10분밖에 안 되는 짧은 시간 안에 그냥 아무 말이나 하면 포인트가 전혀 살지 않잖아."

J가 대답했다.

그 말을 들은 S는 자기의 아이디어를 잠시 돌아보는 것 같더니 이렇게 말했다.

"그럼 내 기획안은 확실히 프로그램 취지와는 어긋나네."

한쪽에서 자기를 돌아보기 시작했다는 건 그 말다툼이 기본적으로는 해결되었다는 신호다. 하지만 그렇다고 해서 그 사람이 자기 의견을 내려놓고 완전히 설득됐다는 말은 아니다. 이어서 내가 S에게 말했다.

"S, J 생각이 꽤 괜찮은 것 같아. 그러니까 영향력 있는 프로그램을 만들어보고 싶다는 거잖아. 그래서 이 프로그램 자체가 계속 이어지고 영향력이 더 커지면 방금 네가 말한 기획안도 시행할 수 있지 않을까? 네 생각이 잘못됐다는 게 아니고 적당한 기회를 기다려보자는 거야."

S는 마침내 찡그렸던 미간을 제자리로 되돌려놓고 미소를 보였다.

중재의 목표와 방식

때로는 원하지 않아도 다툼에서 중재자 역할을 맡아야 할 때가 있다. 그런데 이 중재의 목표와 방식이 그 과정만큼이나 중요하다.

어떤 사람은 양쪽이 더는 싸우지 않으면 중재에 성공했다고 생각하지만 사실은 그렇지 않다. 더 싸우지 않는다는 건 잠시 타협에 들어간 것이거나 계속 다투는 것이 싫증난 것일 뿐 논쟁의 소지는 여전히 존재한다.

중재의 목표는 무엇일까? 먼저 논쟁의 '최대공약수'를 찾아서 양쪽에게 알려주는 것이다. 그런 다음 각자의 방법이나 생각이 이 '최대공약수'에서 가까운지 아니면 멀리 있는지 따져보게 하는 것이다. 한쪽에서 혹은 양쪽 모두 자기의 생각이 '최대공약수'에서 거리가 있다는 걸 깨달으면 상대의 입장을 충분히 이해하고 받아들이기가 훨씬 쉬워진다.

S와 J의 '최대공약수'는 영향력 있는 프로그램을 만드는 것이었다. 기존의 방식이 아닌 독특하고 창의적인 방법으로 프로그램을 만들어 대대적으로 전파를 타도록 해야 했다.

중재자로 들어간 나는 두 사람이 이 '최대공약수'에서 멀어지지 않도록 일깨워주는 역할을 해야만 했다. '최대공약수'를 둘러싸고 토론을 해야 의미 있는 결론을 도출할 수 있다. 그렇지 않으면 감정적으로 격해지거나 심지어 인신공격으로 이어질 가능성이 크다.

목표가 명확해졌으면 이제 어떤 방식으로 중재할지를 생각해야 한다. 나는 다음 세 가지 방법을 추천한다.

첫째, 중재자는 단순한 피스메이커가 아니다. 양쪽의 잘못을 나무라서도 안 되지만 그렇다고 모호하게 "둘 다 일리가 있다"고 말해서도 안 된다. 양쪽 모두의 입장에 서서 그들 각자의 배경과 신분 등을 고려해 사건을 바라볼 수 있어야 한다. 나는 먼저 S의 각도로 생각했다. 그녀는 줄곧 텔레비전 프로그램을 만들었기 때문에 그 방면으로 생각하기 쉬웠다. 그런데 J는 온라인 담당자라서 어떤 상품이 네티즌들에게 더 사랑받는지 알고 있었다. 이렇듯 내가 두 사람을 이해하고 있는 바를 말해줌으로써 그들의 신뢰를 얻을 수 있었고 중재가 한결 편해졌다.

둘째, 중재를 통해 결과를 도출할 수 있게 해야 한다. 중재자는 양쪽의 마음을 위로하는 동시에 그들이 공감대를 형성할 수 있도록 도와줘야 한다. 공감대를 형성해야만 협조가 가능하고 협력해야만 목표를 실현할 수 있기 때문이다. 다시 말해 중재자는 '결과 주도'의 태도를 취해야 한다. 그렇지 않으면 그들을 화해시키는 데 급급해 진짜 실현해야 할 목표는 잊어버린다.

셋째, 설득당하는 한쪽의 마음을 이해하고 그의 생각을 인정해주어야 한다. 누구든 다른 사람에게 설득당하는 건 그리 유쾌한 일이 아니다. 이는 자기가 졌다는 걸 의미해 일종의 좌절감이 생길 수 있기 때문이다. 그래서 중재자는 설득당하는 쪽의 심리적 변화를 고려해 즉각 그의 생각에 가치를 부여하고, 그 아이디어에 대해 향후 발전 가능성을 그려줄 수 있어야 한다. 내가 "S의 아이디어도 훌륭한 것 같아. 다만 지금 시기가 그래서 그렇지 나중에 분명 좋은 기회가 있을 거야"고 말한 것처럼 말이다.

물론 이런 판단은 당시 상황에 대한 냉철한 분석이 뒷받침되어야 한다. 단지 위로를 위한 위로가 되어서는 안 된다.

자신을 위한 중재자가 돼라

두 사람을 중재하고 나오니 휴대폰이 울렸다. 이단伊丹의 전화였다. 이단은 별일은 아니라며 그냥 나를 좀 보고 싶다고 말했다.

내 사무실로 들어오는 이단의 안색이 좋지 않았다. 분명히 누군 가와 다투고 나서 아직 마음이 진정되지 않은 것 같았다.

"프로그램을 만든 뒤 비용을 정산하다 파트너로부터 명세서를 받 지 못했다는 사실을 알았다. 아무래도 상대가 일부 비용을 빠뜨리고 정산한 것 같은데 그 돈을 받아내려면 어떡해야 할까?"

30분 후, 이단은 웃으며 내 사무실을 나갔다. 나는 그녀를 1층까 지 배웅하며 인사를 나누었다. 그녀는 차를 타고 떠나면서 내게 이 렇게 말했다.

"지금은 하나도 화가 안 난다? 오히려 마음이 편해졌어. 고마워!"

나는 이단에게 뭐라고 말해주었을까? 사실 별거 없다. 앞에서 말 한 중재자의 역할에 근거해 그녀가 계속 보지 못했던 사실들을 일 깨워주었을 뿐이다. 목표를 명확히 하고, 상대의 가치를 인정해 주고, 합리적인 기대를 심어주는 것이었다.

5일 후, 이단에게서 다시 전화가 걸려왔다. 그녀는 아주 순조롭게 나머지 돈을 받아냈다는 사실을 알려주면서 기쁜 목소리로 이렇게 말했다. "방법만 조금 바꾸면 결과가 이렇게 달라지는 거였어!"

말다툼이나 논쟁은 매일, 어디서든 일어난다. 만약 당신이 그 속에 있다면 방관하지 말고 중재자가 될 수 있는 방법을 찾아보길 바란다.

저비용, 고효율의
대화술

비즈니스 업계에서는 '저비용, 고효율'을 목표로 삼는다. 가장 적은 비용을 들여 최고의 이윤을 얻어내거나 좀 더 저렴한 가격으로 마음에 드는 제품을 구매하는 것이다. 이는 정상적인 비즈니스 논리이자 일종의 즐거움이기도 하다. 생각해보라. 구매한 가격의 다섯 배 혹은 열 배로 다시 물건을 되팔 수 있다면 얼마나 큰 성취감을 느낄 수 있겠는가!

그런데 이 '저비용, 고효율'의 개념을 일상의 대화에도 적용해볼 수 있다.

혹시 별말 하지 않고 최소한의 '대화 비용'으로 상대를 설득한 경험이 있는가? 물론 여기서 말하는 '저비용, 고효율'의 원칙은 비즈니스에서 말하는 투기 심리와는 조금 다르다. 이는 사람의 기분이나 생각을 고려해 취해야 하는 일종의 대화 전략이기 때문이다.

이 전략은 기자들이 자주 사용하는 방법이기도 하다. 포럼이나 회의에서 기자들이 중요한 인물에게 끈질기게 질문하는 모습을 볼 수 있다. 어떤 사건에 대해 '입장 표명'을 해달라고 요구하는 것이다. 그런데 그 주요 인물들도 그런 상황을 하도 많이 겪어봐서 대부분 일이 바쁘다거나 비행기 시간을 핑계 대며 대답을 회피한다. 이때도 경험이 많은 기자들은 절대 포기하지 않는다. 그들이 회의장을 나갈 때 같이 따라나가 차에 올라타기 직전에 승산이 높은 말 몇 마디를 던진다.

"시간 많이 안 걸립니다. 마지막 질문 딱 하나만 드릴게요."

"다른 건 대답 안 하셔도 됩니다. 딱 1분이면 됩니다. 이번 사건……."

이 말을 던지면 대부분이 바삐 움직이던 발걸음을 멈추고 기자의 마이크를 건네받는다. 실제로는 그들이 인터뷰를 아예 안 하고 싶은 게 아니라서 '실속 있는' 대화 조건을 내걸 경우 흔쾌히 받아들인다는 사실을 기자들은 잘 알고 있다.

진짜로 기자를 싫어하거나 미워하는 사람은 없다. 대다수 사람은 심지어 기자와 대화를 나누며 자기의 '고견'을 말하고 싶어 한다. 그렇다고 끝도 없는 질문으로 그들의 시간을 한없이 빼앗아도 된다는 말은 아니다. 그래서 "마지막 질문입니다"라든가 "딱 1분만"이라는 등의 말을 해야 인터뷰에 성공할 수 있다. 그들이 생각하기에 이때는 인터뷰에 협조해도 '비용'이 적게 드는, 심지어 거의 들어가지 않기 때문이다.

실제 상황에서는 기자들이 이로써 상대의 협조를 얻어내면 인터뷰의 주도권을 잡았기 때문에 그 사람의 대답에 따라 뒤의 질문을 다시 설정할 수 있다. 그래서 사실상 그들의 대답은 하나에 그치지 않고 시간 역시 애초에 얘기한 1분을 넘어선다.

이것이 바로 '저비용, 고효율' 대화법이다. 작은 '구실' 하나로 거절하기 어렵게 만든 다음 상황에 따라 상대와 더 많은 대화를 이어가는 것이다. 물론 당신이 대화를 정말 잘 이끌어간다면 10분이 넘어도 상대는 당신을 탓하지 않을 것이다. 오히려 '나는 이 사람에게 중요한 인물'이라는 느낌을 줄 수도 있다. 그러니 이것이야말로 사람의 마음과 생각을 사로잡는 대화술인 셈이다.

조금만 주의를 기울이면 우리의 일상 속에도 '저비용, 고효율' 대화법은 수없이 많다.

당신은 그냥 구경이나 할 생각으로 한 쇼핑센터에 들어갔다. 그런데 그때 경험이 풍부한 한 모델하우스 직원이 다가와 이렇게 말했다. "손님, 이번에 신축한 아파트가 있는데 모델하우스 한번 구경

해보시겠어요? 바로 앞이라 1분이면 충분해요. 계약 안 하셔도 상관 없어요." 당신은 마음속으로 손해 볼 건 없겠다 싶어 직원과 함께 모델하우스로 향했다. 그런데 예쁘게 꾸며놓은 모델하우스를 보고 나니 마음이 흔들렸다. 당신의 생각을 읽은 직원은 계약금은 20%만 지불하면 된다고 했다. 결국 당신은 계약을 하고 나왔다.

당신은 2천만 원 정도의 예산을 잡고 자동차를 구매할 생각에 자동차 전시장에 들렀다. 그런데 전시된 다른 차량에 마음이 흔들렸다. 이리저리 살펴보던 중 차 유리창에 "오늘 구매 시 50만 원 항공권 제공"이라는 문구를 봤다. 당신은 이득이라는 생각에 결국 그 차를 계약했다. 하지만 자세히 따져보면 그 차의 가격은 원래 사려고 했던 차의 가격보다 훨씬 높았다.

매장에서 진행하는 프로모션 행사를 보면 "첫 구매 시 무료"라는 문구를 자주 내건다. 소비자에게는 정말 큰 유혹이다. 물론 파는 사람들에게도 절대 손해는 아니다. 3분의 1 정도의 고객만 재구매를 해도 돈을 벌 수 있다는 걸 그들은 알고 있다.

이런 예는 셀 수 없이 많다. 술을 마시지 않는 사람에게 술을 권할 때, 이런저런 방법 말고 그냥 "한 잔만 마셔. 나머지는 우리가 마실게"라고 하면 된다. 일단 술이 들어가면 보통은 다음 잔을 멈출 수 없기 때문이다. 아이 밥을 먹일 때 부모가 "이거 다 먹어"라고 하면 아이는 먹기 싫어 한다. 하지만 "한 숟가락만 먹고 그만 먹어"라고 하면 오히려 밥그릇을 깨끗하게 비운다. 군대 행군에서도 경험 있는 교관들은 "1km만 더 가면 쉴 수 있다"라고 말하지만 통상적으로는 7~8km를 가야 한다.

그렇다면 사람들이 너무 쉽게 속는 것은 아닐까? 이것은 심리학에서 말하는 대비 원리와 연관이 있다. 두 개의 요구사항을 대비했을 때 두 번째 요구가 그렇게 지나치지 않다고 생각되면 쉽게 동의하게 되는 원리다.

위의 예화에 나온 기자의 "마지막 질문"이나 모델하우스 구경, "첫 구매 시 무료" 등은 모두 보이는 혹은 보이지 않는 '두 번째 요구'에 해당한다. 그런데 보통 두 번째 요구사항에 만족할 경우 실제로 그 뒤에 따라오는 더 큰 요구사항도 받아들일 가능성이 크다.

이에 관해 조직행위 학자이자 《인정받기(아이디어가 살아남거나 살아남지 못하는 이유(Made to Stick: Why Some Ideas Survive and Others Die)》의 공동 저자인 칩Chip과 댄 히스Dan Heath 형제는 '코끼리와 기수'라는 개념을 내놓았다. 이들의 주장에 따르면, 사람의 감정과 이성은 코끼리와 기수와 같다. 기수(이성)는 목적지를 향해 가고 싶어 하지만 게으른 코끼리(감정)가 움직이지 않으면 제자리에 머물 수밖에 없다는 것이다.

그들은 사람의 변화를 막는 주요 원인은 변화를 원하는 이성이 변화를 거부하는 내면의 감성과 서로 부딪히기 때문이라고 보았다. 그렇다면 사람의 내면에 자리한 거대한 코끼리가 말을 잘 듣게 하려면 어떻게 해야 할까? 그들은 변화를 위한 핵심 요소로 먼저 한눈에 알아보기 쉬운 목표를 정하고, 이를 위한 번뜩이는 아이디어를 찾아낸 뒤 감정적인 요소가 뒷받침되어야 한다고 주장했다.

여기에 나는 한 가지를 덧붙이고 싶다. 바로 변화를 위해 지불할 최저치의 대가(혹은 최대의 수익)를 찾아내는 것이다.

말이 잘 통하지 않는 대화 상대를 만났을 때는 먼저 냉정하게 생각해보자. 어떻게 하면 상대의 감정을 흔들 수 있을지, 어떻게 하면 상대가 지불할 비용을 최대한 낮출 수 있을지, 그리고 최소한의 대가로 협력의 기회를 얻어낼지 등을 말이다. 정말 많은 경우 사람과 사람 사이에 대화가 잘 통하는지 아닌지는 아주 짧은 순간에 결정된다.

기술적으로 상대의 잘못
지적하기

갓 입사한 친구들에게 알려주고 싶은 중요한 사실 한 가지가 있다. 바로 사람은 누구나 실수할 수 있지만, 다른 사람에게 그 실수에 대해 지적받는 걸 좋아하는 사람은 없다는 점이다.

직장은 인성을 테스트하는 곳이자 인성이 그대로 드러나는 곳이다. 무리가 한데 모여 일을 하지만 각자의 실력이나 수준이 다르기 때문에 마찰이 생길 수밖에 없다. 또 회사 안의 작은 단체는 개인의 이익을 중심으로 돌아가기 때문에 때로는 일부러 사건을 만들어내기도 하고 심지어 거짓으로 조작하기도 한다.

어떤 상황이든 만약 당신이 그 사건 속에 들어가 있다면, 가장 먼저 해야 할 일은 그 문제를 기술적이면서도 즉각적으로 지적하는 것이다. 이것은 사회 초년생들이 들어야 할 1교시 수업이자 직장 생활에서 가장 중요한 훈련이다.

바로 지적하지 않으면 더 큰 화를 입는다

1997년 8월 6일 새벽 1시 42분, 대한항공 801편이 미국령 괌의 안토니오 B. 원 팻 국제공항에서 착륙 도중 추락하는 사건이 발생했다. 이 사건으로 기내에 탑승했던 254명 중 228명이 사망하는 일이 벌어졌다. 사고조사위원은 기내 블랙박스를 통해 추락 전 기장과 부기장, 그리고 항공기관사 사이에 나눈 대화 내용을 입수했다.

새벽 1시 30분, 조종 승무원들은 저 멀리 지면에서 비추는 불빛을 보았다. 동반한 기관사가 "괌인가요?"라고 물었다. 잠시 정적이 흐른 뒤 그는 스스로 대답했다.

"괌 맞네요, 괌."

"좋아!"

그의 말에 기장이 웃으며 대답했다. 이때 부기장이 관제소에 요청했다.

"레이더를 좌측 제6번 활주로로 변경하겠습니다."

비행기는 괌 공항을 향해 하강하기 시작했다.

1시 41분 48초, 기장이 "와이퍼 온"이라고 말하자 기관사가 와이퍼를 작동시켰다. 이때는 비가 많이 내리고 있었다. 이어서 부기장이 물었다.

"안 보이잖아?

활주로를 찾는데 보이지 않았던 것이다.

1초 후 대지 접근 경보 장치(GPWS)에서 '150피트'라는 경고음이 들려왔다. 비행기가 지면에서 겨우 150피트의 고도를 유지하고 있었던 것이다. 하지만 여전히 활주로는 보이지 않았다. 어떻게 그렇게까지 가까이 지면에 갔던 것일까?

2초 후 기관사가 놀라는 말투로 말한다.

"어?"

1시 42분 19초, 부기장이 "착륙 포기합시다"라고 말했다. 이는 기체를 올려 다시 착륙을 시도하자는 의미였다.

1초 후 기관사가 다시 말했다.

"안 보이잖아."

그러자 부기장이 재차 말했다.

"안 보이죠? 착륙 포기!"

1시 42분 22초, 기관사가 다시 반복했다.

"고 어라운드(착륙 포기)."

1초 후, 그제야 기장이 신음소리와 함께 말했다.

"고 어라운드."

하지만 그가 기수를 올리기로 결심한 시각은 이미 때가 너무 늦어버린 후였다. 결국 비행기의 추락을 막지 못했다.

약 4초 후 비행기에서는 엄청난 충돌음이 들려왔다.

비행기가 상공 150피트를 날고 있을 때부터 기장이 "고 어라운드"를 외치기까지 30여 초의 시간이 지났다. 일상생활에서 30초는 정말 눈 깜빡할 사이에 지나가 세지 않아도 되는 수치지만 비행에서는 다르다. 이는 생사를 가르는 중요한 시각으로 조금만 지체해도 돌이킬 수 없는 사고를 초래한다.

사고위원회의 조사 결과 부기장과 기관사가 비행기 상태를 보고할 때는 목소리가 매우 평온했던 것으로 드러났다. 당시의 위험성을 강조하지 않아 기장이 제때 '고 어라운드' 조치를 취하지 못했고 결국 큰 사고를 면치 못한 것이다.

1990년 콜롬비아 아비앙카 항공 052편의 추락사고도 부기장의 목소리가 너무 평온해 상황의 심각성을 느끼지 못하면서 초래된 것으로 드러났다.

음성학자들은 당시 부기장의 말투를 '완곡어법'이라 칭했다. 말하고자 하는 내용을 부드럽게 얘기함으로써 상대의 기분을 맞춰주려는 처사를 가리킨다. 물론 장소에 따라 자신의 견해를 대담하게 말하는 것이 매우 어려울 수 있다. 그래서 사람들은 실수를 감수하거나 거짓말을 하면서까지 진심을 말하길 꺼린다.

상사의 잘못을 지적하는 게 잘못일까?

내가 아는 한 학생은 인테리어 설계 사무실에서 어시스턴트 일을
하고 있다. 그런데 자기 선생님(나이 많은 디자이너)이 도안을 그릴 때 실
수하는 걸 몇 번이나 보았고, 그래서 그걸 지적했다가 심하게 혼이
났다. 그녀는 잔뜩 억울한 표정으로 내게 말했다.

"자기가 틀린 걸 분명히 알면서 오히려 저를 욕하더라고요. 앞으
로 이런 실수는 하면 안 되는 건가요?"

비행기 추락사고 예화에 비하면 이 학생은 매우 용감하다. 그녀
는 심적 부담이 있었지만 스승의 잘못을 과감히 지적했다. 좋은 품
성이다. 인테리어 설계의 좋고 나쁨은 우리 삶의 질과 밀접한 연관
이 있기 때문이다. 화장실 세면대의 위치와 수도꼭지의 모양부터 한
건물의 사용 수명에 이르기까지, 나아가 대교大橋의 안전성에 이르
기까지 우리 삶의 세밀한 부분 하나하나가 모두 엄격한 설계와 관
련 있다. 그리고 이 엄격한 설계 뒤에는 작은 부분 하나도 놓치지 않
으려는 직업정신이 투철한 디자이너가 있다. 이런 각도에서 보면 이
학생이 한 일은 매우 정당하다. 용감하게 실수를 지적해 큰 사고가
날 가능성을 미리 차단했기 때문이다.

하지만 여기서 우리가 주목해야 할 한 가지가 있다. '완곡어법'과 '직접화법'으로 상대의 실수를 지적하는 것 말고, 상대의 잘못을 지적하되 업무상 후환을 막으면서 원활한 인간관계를 유지할 그런 방법은 없을까?

나의 제안은 다음과 같다.

먼저 어휘 사용에 주의를 기울여야 한다. '실수', '틀리다', '문제가 있다', '잘못됐다' 등의 표현은 삼가는 것이 좋다. 이러한 표현은 상대의 반감과 저항심을 일으킨다. "이 수치는 잘못된 것 같다", "여기 설계에 문제가 있는 것 같다" 등의 말도 쓰지 않는 게 좋다. 누군가 당신의 잘못을 그렇게 지적한다고 생각해보면 쉽게 공감할 수 있을 것이다.

설계 도면에 문제가 있다는 걸 발견했다면 다음과 같은 방법으로 얘기해볼 수 있다.

1) "선생님 말씀대로 이 도면을 세 번 확인했습니다. 전체적으로는 완벽한데 작은 부분에서 수치가 맞지 않았습니다. 한번 봐주시겠어요?"

2) "선생님, 이 부분의 수치가 잘 이해되지 않는데 한번 봐주시겠어요? 혹시 제가 틀린 건가요?"

기술적으로 상대의 실수 지적하기의 핵심은 화살 끝을 상대가 아닌 자신에게 겨냥하는 것이다. 즉, 상대에게 "여기가 잘못됐다"고 직접 말하지 말고 자신이 이해를 잘 못 했다고 부각시키는 것이다. 이렇게 하면 상대의 반감을 최대한 줄일 수 있고 문제를 신속히 해결하는 데 많은 도움이 된다.

내 인생은 나의 것이라는
자신감

자신감을 키우는 방법을 알아보기 전에 생각해볼 것이 있다.

"나는 내 인생의 주인인가?"

"나는 내 자신을 매우 평범한 사람이라고 느끼나?"

질문이 언뜻 이상하게 들릴 수 있다. '아니, 내 인생의 주인이 내가 아니면 대체 누구?'라는 생각이 들지도 모른다. 이 문제를 확실히 정리하기 위해서는 다음 두 가지를 생각해봐야 한다.

첫째, 무언가를 선택하거나 결정할 때 외부의 간섭 없이 온전히 자신만의 독립적인 의지로 결정하는가?

둘째, 당신이 내린 결정을 끝까지 책임지는가?

자, 이제 다시 '나는 내 인생의 주인인가?'라는 질문에 답해보자. 여전히 쉽게 '그렇다'고 대답할 수 있는가?

2번 질문에는 뭐라고 답했는가? 물론 대다수 사람은 평범하다. 대단한 가정에서 태어난 것이 아니라면, 세계를 떠들썩하게 할 만한 위대한 능력을 지녔거나 업적을 세운 게 아니라면 확실히 그 인생은 평범하다.

하지만 만일 이 질문을 조금만 바꿔 생각해보면 어떨까? '평범하지만 그 속에 특별한 순간이나 특별한 일들이 숨어 있진 않을까?'라고 말이다.

여기서 말하는 '특별함'이 무슨 의미인지는 고민할 필요 없다. 그냥 평소 당신이 생각했던 '특별함'에 대한 정의를 바탕으로 이 질문에 답해봐라. 정말 당신 인생에 '특별했던 순간'이 단 한 번도 없었는가?

분명히 있을 것이다. 특별함에 대한 정의를 당신이 내렸기 때문에 그러한 순간이나 사건은 일어날 수밖에 없다. 그것도 자주.

사실 위의 두 질문은 이번 장의 핵심이라고도 할 수 있다. 새롭게 자신을 발견하고(최소한 일부분은), 과거를 다시 정의하며, 새로운 방향으로 당신을 이끌어주기 때문이다.

이번에는 세 번째, 의미 있는 목표 세우기에 관해 살펴보자. 의미 있는 목표를 세우는 일과 위의 두 질문이 무슨 상관이 있느냐고 물을 수도 있다. 이렇게 이해하면 된다. 의미 있는 목표 세우기는 자기 삶을 돌아보는 과정이 있어야만 비로소 가능하다.

내 삶 돌아보기

많은 경우 우리는 의미 있게 시간을 살아낸다기보다 일상이라는 타성에 젖어 살아간다. 아침에 눈을 떠서 출근을 하고 돈을 버는 수많은 이의 수많은 날이 마치 똑같은 하루처럼 느껴진다. 학교에 다니고, 직장에 나가고, 연인과 데이트를 하고, 결혼해서 아이를 낳는 과정 역시 천편일률적이다. 도시화가 점점 획일화되는 것처럼, 그 속에서 살아가는 우리네 모습도 점점 그렇게 되어간다. 가슴 두근거리게 만들고, 파란만장한 일로 가득한 드라마틱한 인생은 영화에나 나오는 일이라고 생각한다. 그런데 정말로 그럴까?

이에 관해 미국의 심리학자이자 게슈탈트 치료법의 대가로 꼽히는 어빙 폴스터Erving Polster는 이렇게 말했다.

"사람들은 종종 자기 인생이 얼마나 드라마틱한지 마지막에 가서야 알아챈다. 그들은 항상 다른 사람에게 일어나는 크고 작은 사건사고들에만 주목하면서 이상하리만치 놀라움을 느끼지만, 그 이면의 것은 보지 못한다. 자신의 인생 역시 그런 일들로 가득하다는 것을 말이다."

맞는 말이다. 우리는 자신에 관해서는 좀처럼 놀라지 않는다. 자신과 연관되어 일어나는 일은 전부 당연한 것으로 생각하고 방치한다. 놀라운 변화나 사건들이 일어나도 무덤덤하다. 이러한 것들이 '성숙함'일까?

안타까운 것은 이렇듯 무덤덤한 상태가 지속되면 자기만의 '인생스토리'를 쉽게 놓친다는 점이다. 소중한 인생이 시간의 흐름에 따라, 순간의 욕심에 따라 아무렇게나 흘러간다. 자기도 모르는 사이에 무감각해져 그 어떤 것에도 놀라지 않고 의욕을 상실한다. 사물에 대한 예리한 관찰력이 사라지며, 만물에 대한 호기심도 먼지가 켜켜이 내려앉은 골동품처럼 빛이 바래고 희미해진다. 서서히 말투도, 인품도, 용모도 평범하기 그지없는 사람으로 변해가는 것이다. 이런 사람이 어떻게 자신감을 가질 수 있겠는가?

이런 점에서 볼 때 폴스터의 말은 우리에게 경각심을 준다.

"평소 익숙한 소리에서 아름다움을 찾아내고 감상해보라. 헬리콥터가 낮은 상공에서 건물들 사이를 이리저리 피해가는 신비함을 느껴보고, 대화 도중에 섞인 재채기에서 상대의 급박함을 느껴보라. 당신 앞으로 온 편지를 열어보기 전에 무슨 내용일지 예상해보라. 이러한 모든 것이 당신에게 일련의 다채로운 체험을 선사할 것이며, 그 체험이 당신을 더욱 지혜롭고 아름답게, 모험적이며 깊이 있는 사람으로 만들어줄 것이다. 놀이공원에서 탄 놀이기구, 누군가에게서 받은 특별한 선물, 친구와 함께 지새운 밤, 학교에서 받은 상, 경쟁에서 실패한 경험, 데이트 중에 느낀 좌절감…… 이 모든 것이 당신에게 존재감을 느끼게 하는 파편들이 될 것이며, 이러한 조각들이 바로 인생을 특별하게 꾸며주는 소중한 기억들이 될 것이다."

그런데 안타깝게도 이제 이런 작은 기억들로는 사람들을 흥분시키기 어렵다. 사람들을 흥분시키려면 더욱 자극적이고 충격적인 것들, 상상 못 할 반전이 있는 드라마나 저속한 무언가, 심지어 자기학대까지 필요한 시대가 되었다. 폴스터의 말처럼 "사람들은 자극적인 것에만 환호한다. 마치 그러한 체험들만 찾아다니면서 평소 자기도 모르게 잃어버린 것들을 보상하려는 듯"하다.

나는 그의 말이 자신감에 대한 요구치가 높아진 탓에 우리가 그것을 잃어버렸다는 얘기로 들린다. 예를 들면 예전에는 요리를 잘하는 것이 곧 능력 있는 여성의 상징이었다. 하지만 지금은 그렇지 않다. 요리는 물론 세련된 옷차림과 화장, 풍부한 재정, 탁월한 경영 능력, 교양과 학식 등을 두루 갖춰야 능력 있는 여성이라고 생각한다. 그리고 이렇게 생각하는 사람일수록 자신에 대한 불만이 많아지며 자신감을 느끼지 못한다. 이 세상에 자신보다 뛰어난 여성이 훨씬 더 많다고 생각하기 때문이다.

물론 더 높은 목표를 설정하는 것은 진취성을 갖고 좀 더 뛰어난 사람으로 변화하는 발판이 될 수 있다. 하지만 자신감을 찾는 일은 그렇게 거창할 필요가 없다. 그저 일상이라는 표지를 펼쳐 '자신'이 주인공인 챕터로 들어가면 된다. 그러면 그 페이지 어디에서나 당신을 당당하게 만드는 자신감이라는 녀석을 쉽게 발견할 수 있다.

의미 있는 목표 세우기

앞에서 뿌리 깊은 안전감을 얘기하며 '작은 성과'의 개념도 함께 살펴보았다. 자신이 주인인 삶을 살아내는 사람이어야만 '작은 성과'를 계속 만들어낼 수 있다. 그렇지 않으면 타인의 삶을 흉내 내고 남의 이상을 좇아가다가 결국 자기 자신을 잃어버린다.

무리 안에서 '작은 성과'를 끊임없이 만들어내면서 새롭게 자기를 인식하면 자연스레 궁금해지는 한 가지가 있다. 바로 '지금 내가하는 일은 무슨 의미가 있는가?' 혹은 '내가 원하는 최종 목표는 무엇인가?'이다.

어떤 영역에서 큰 성과를 거두는 것이 단지 자기만의 만족을 위한 것일까? 요즘 사람들이 '부를 누릴 자유'가 있다고 말하는데, 정말 그것이 자기만의 만족, 행복을 누리기 위한 것일까? 아마도 그렇게 생각하는 사람은 많지 않을 것이다.

앞에서 언급한 사람은 타인과의 관계 속에서 자기를 인식하고 성취감을 얻는다는 대목으로 돌아가 보자. 이는 다른 말로 하면 자신이 속한 단체 속에서 목표를 설정해야 하고, 이 목표가 반드시 그 무리의 이익과 관련 있어야 한다는 뜻이다.

높이뛰기 선수의 경우 185cm를 뛰어넘는 것이 목표일 수도 있지만, 올림픽에서 금메달을 따는 것이 목표일 수도 있다. 올림픽이 바로 '무리'다. 그 무리 안에서 설정한 목표라야 더 큰 의미가 있다.

그렇다면 대체 그 의미라는 게 뭘까? 금메달을 따서 '나'라는 사람이 매우 훌륭한 운동선수임을 증명하는 것? 이는 극히 일부분이다. 관중들이 '나'라는 운동선수가 메달을 획득하는 과정을 보면서 성공의 즐거움을 느끼고, 거기에서 일종의 격려 혹은 자극(스포츠 경기는 상징적 의미)을 받아 자기 삶에 닥친 여러 난관을 극복하도록 돕는 것이 진정한 의미다. 그리하여 사람들의 삶에 변화가 일어나고, 스포츠 경기 이외의 삶의 영역에서 그들과 정신적으로 이어져야 한다. 이게 바로 우리가 종종 이야기하는 '나의 성공으로 영향력을 드러내는 것'이다. 내 경험을 예로 들어보자.

내가 '히말라야 FM(중국 최대 오디오 독서 애플리케이션)'에서 방송을 한 이유는 언변을 기르기 위해서였다. 말재주가 없는 게 내 단점이었기 때문이다. 그런데 처음에는 지나치게 내 퍼포먼스에 신경을 썼다. 방송을 몇 번이고 다시 녹음하면서 완벽하게 보이려고 애썼다. 그

당시 나는 네티즌들의 평가에 과도하게 신경 썼다. 특히 악플을 본 날은 마음의 상처를 입고 크게 좌절했다. 누군가 내게 충고를 하거나 의견을 말하면 거부감이 생기는 동시에 좌절감이 일어났다. 사실 그것은 모두 자신감이 부족할 때 나타나는 전형적인 모습이었다.

그렇게 6개월 정도 지나자 내 심경에 변화가 일어났다. 나는 애초 내가 세웠던 목표가 사실상 큰 의미가 없다는 것을 깨달았다. 또 내 퍼포먼스에 주목하고 관심을 기울이는 사람이 실제로 그렇게 많지 않다는 것도 알게 되었다. 나는 말주변을 늘리고 싶은 거지 내가 지닌 스킬을 사람들에게 뽐내려는 게 아니었다. 방송을 하는 진정한 의미이자 유일한 의미는 사람들에게 도움을 주고 또 나도 도움을 받는 것이었다. 이 점을 깨닫고 나자 더 이상 내 목소리 상태에 얽매이지 않았고 자괴감에도 빠지지 않았다. 나는 새로운 동력을 얻었고, 이 힘은 내가 네티즌들과 더욱 깊고 넓게 연결되도록 해주었다.

당신의 인생도 똑같다. 이런 의미 있는 목표를 세우면 자신감이 확실히 올라간다. 잠깐의 실패로 주저앉거나 포기하지 않고 더 과감한 사람으로 변한다. 마침내 자신감 세우기 여정의 종점에 도착했다는 사실을 스스로 깨닫게 되기 때문이다.

사실 이 목표를 이루는 건 매우 자연스러우면서도 힘들지 않은 과정이다. 자신감이 충만해지는 그날부터 당신의 영향력이 마음껏 발산되기 때문이다.

교만함 버리기

만약 목표가 적절하지 않거나 의미 있는 목표에서 멀어지지 않도록 자신을 시시각각 일깨워주지 않으면 나중에 성과를 거두었을 때 오만함이라는 함정에 빠지기 쉽다. 이런 경우를 많이 볼 수 있다. 하루아침에 유명해진 스타들이 경솔한 말 때문에 변을 당하는 일이 흔히 일어나지 않는가? 평범한 사람들도 갑자기 돈이 생기면 마음이 어지러워져 경솔하게 행동한 나머지 화를 입기도 한다.

사람의 자존감은 좌우로 흔들리는 시계추와도 같다. 그래서 대부분 평생토록 자괴감 아니면 자만심 사이를 왔다 갔다 하며 보낸다. 그렇다면 어떻게 해야 할까? 자신감과 겸손함을 겸비한 사람이 될 수는 없는 걸까?

내 경험으로 비추어볼 때, 자기가 거둔 성과에 지나치게 빠져 있지 말고 끊임없이 낯선 영역에서 '자신 없는' 상황을 마주하면 겸손함을 유지할 수 있다. 자신감을 채우는 일은 끝이 없다. 이것은 새로운 일에 도전하고 성과를 창조하며 겸손함을 유지하는 일련의 과정에서 계속 이어질 것이다.

경청의
마법

혹시 당신도 이런 경험을 한 적이 있나? 어려움에 처한 친구가 하루빨리 난관을 극복하도록 심사숙고한 끝에 좋은 말로 충고를 하고 의견을 주었다. 누군가와 싸운 뒤 마음이 상해서 온 친구를 위해서는 대신 그 사람을 욕해주고 열을 냈다. 그런데 친구의 감정이 잠잠해지기는커녕 오히려 화살을 당신에게로 돌리는 게 아닌가? 그러더니 결국 당신과 말다툼이 일어나 얼굴을 붉히면서 싸우고 헤어졌다. 억울한 당신은 속으로 생각했다. '나 참, 어이가 없어서. 다 자기를 위해서 해준 말인데 왜 엉뚱하게 나한테 화를 내?' 그런데 친구는 이렇게 생각했다. '나는 네가 날 이해하는 줄 알았어. 그런데 어떻게 그렇게 쓸모없는 말만 해댈 수 있어?'

친구의 편을 들어준다고 열을 냈는데 어째서 이런 결과가 생겼을까? 원래는 한 사람만 답답하고 억울했는데 이제는 두 사람이 그렇게 되었다. 대체 이유가 뭘까? 바로 듣는 사람의 반응에 문제가 있었기 때문이다.

'잘못된 듣기'가 어떤 불상사를 초래하는지, 올바른 경청의 자세는 무엇인지 살펴보자.

세 가지 잘못된 듣기 방식

다른 사람의 말을 들을 때 종종 나타나는 세 가지 반응이 있다. 자기위주 식, 자기방어 식, 그리고 잘못된 가정이다.

자기위주 식은 상대의 말을 자기가 좋아하는, 관심 있는 일에 대입하는 것이다. 다른 말로 반응 전환이라고도 한다. 대답할 때 상대가 말한 주제의 초점을 자기 위주로 전환하는 것을 일컫는다.

-자기위주 식

A: "진짜 회사 가기 싫어. 요 며칠은 정말 일하기 싫었다니까. 진짜 그만두고 싶어."

B: "그게 뭐가 힘들다고 그래? 네가 우리 회사에 한번 와봐야 해. 그럼 진짜 일하기 싫은 마음이 뭔지 알 거다."

이런 방식은 겉으로는 상대의 말에 응수하는 것 같아도 실제로는 대화를 끊어버리거나 심지어 상대의 고민을 무시하는 것과도 같다. 자기위주 식 듣기는 상대가 불만이나 감정을 토로하지 못하게 막기 때문에 대화의 목적에 이를 수 없다.

자기방어 식 듣기를 사용하는 사람은 상대의 말이 자기를 겨냥한 것이라고 생각한다. 그들은 특히 모호한 정보에 불안함을 느낀다.

－자기방어 식

A: "내가 보기엔 지금 다른 생각을 하는 것보다 책을 많이 보는 게 좋을 것 같아."

B: "나 책 많이 읽어! 그리고 지금은 책을 읽어도 아무 소용이 없어. 너한테 맞는 방식이라고 해서 나한테 강요하지 마."

자기방어 식 듣기는 열린 대화를 닫힌 대화로 만들어버린다. 또 좋은 제안을 해주려던 사람의 입을 막아 깊은 대화로 나아갈 기회를 차단해버린다. 관계나 대화에서 분명한 손해다.

마지막으로 잘못된 가정의 경우 상대가 어떤 일에 대해 말을 시작했는데 이미 그 일을 다 알고 있다고 생각해 자기의 생각대로 반응한다. 하지만 실제로는 그 생각이 상대의 의견과 완전히 반대될 수 있다. 이런 경우도 있다. 처음부터 상대의 생각이 가소롭고 유치하며 별로 고민할 필요가 없다고 여기는 것이다. 그래서 경솔하게 의견을 말하거나 한심하다는 표정을 취한다. 이런 태도는 말하는 사람에게 더 걱정을 안겨주거나 자책하게 만든다. 그래서 문제를 해결할 마음으로 이야기를 시작했다가 급하게 마무리를 지을 수밖에 없다.

세 가지 올바른 경청의 자세

대화에서는 경청의 자세도 매우 중요하다. 이에 대해서도 세 가지를 소개한다.

첫 번째는 '바통 이어받기 식' 듣기다. 누군가와 대화할 때 가장 좋은 반응은 새로운 화제를 만들어내는 것이 아니라 상대의 말을 이어받는 것이다.

> A: "진짜 회사 가기 싫어. 요 며칠은 정말 일하기 싫었다니까. 진짜 그만두고 싶어."
>
> B: "그만두고 싶어?"
>
> A: "응. 매일 야근하고 주말에도 못 쉬잖아. 휴가는 생각도 못 한다니까."
>
> B: "휴가도 못 쓴다고? 그건 너무했다."

A: "그러니까! 계속 이렇게 일하면 진짜 미쳐버릴 것 같아. 게다가 더 지나면 다른 업계로 이직도 어려울 것 같아서 걱정이야."

B: "그렇지. 네가 하는 일이 힘든 일이긴 해."

'바통 이어받기 식' 듣기는 상대가 하는 말의 맥락을 이어받아 거기에서 벗어나지도, 상대의 말을 부정하지도 않는다. 짧은 대답이지만 그 속에 상대와 비슷하거나 동일한 생각을 하고 있다는 걸 드러낼 수 있다. 특히 상대에게 바로 좋은 제안을 할 수 없는 경우에는 이 듣기 방식으로 안전하고 효율적이며 편안한 대화를 이어갈 수 있다. 상대의 불만이 높아질수록 문제 해결 방법이 떠오를 수 있고, 어쩌면 상대가 스스로 방법을 찾아낼 수도 있다.

두 번째는 적극적인 듣기, 즉 질문 섞기다. 말 그대로 질문을 통해 대화를 이어가는 방식이다.

A: "진짜 회사 가기 싫어. 요 며칠은 정말 일하기 싫었다니까. 진짜 그만두고 싶어."

B: "왜? 요새 일이 어떤데?"

A: "매일 야근하고 주말에도 못 쉬잖아. 휴가는 생각도 못 한다니까."

B: "정말? 다른 사람들도 그렇게 일해?"

A: "비슷해. 그런데 내 업무량이 특히 많아. 지금 네 명이 할 일을 혼자 다 하고 있으니까 말이야."

B: "어떻게 그럴 수 있어? 그럼 쉬지 못하는 거 말고 또 힘든 건 없어?"

질문은 상대의 본심을 들여다보는 데 많은 도움이 된다. 또 질 높은 질문은 상대가 문제를 해결할 방법을 스스로 찾아내도록 도움을 주기도 한다.

세 번째는 상대를 지지하는 것이다. 많은 경우 사람들이 불만이나 걱정을 토로하는 건 당신에게서 해결 방법을 얻어내려는 게 아니라 인정과 격려, 지지를 받고 싶어서다. 그래서 지지형 대답에는 인정과 격려가 들어갈 수밖에 없고, 여기엔 긍정적인 평가와 관심이 포함된다.

A: "진짜 회사 가기 싫어. 요 며칠은 정말 일하기 싫었다니까. 진짜 그만두고 싶어."

B: "응. 요새 네가 많이 힘들어 보여."

A: "응. 매일 야근하고 주말에도 못 쉬잖아. 휴가는 생각도 못 한다니까."

B: "세상에. 힘들지 않은 게 이상하지! 그동안 어떻게 견뎠어?"

A: "그러니까! 진짜 죽을 것 같아. 그리고 하면 할수록 이 일이 별로 재미가 없어."

B: "일이 너무 힘들고 재미도 없는 것 같으면 조금 쉬면서 이직을 생각해봐야 하나?"

A: "응. 그래서 요즘 이직을 생각하고 있어. 그런데 내가 다른 일을 할 수 있을까?"

B: "무슨 소리야! 지금까지 그렇게 힘든 상황도 잘 견뎠는데 당연히 문제없지!"

상대를 지지하는 대답에는 듣는 사람을 향한 진정한 격려와 인정, 그의 상황을 세밀하게 분석한 내용이 담겨 있어야 한다. 그러나 구체적인 제안은 삼가는 것이 좋다. 이것이 바로 지지형 대답의 특징이다. 이때는 상대 옆에 있어 주고 진심 어린 지지를 해주는 것만으로도 충분하기 때문이다. 어떤 선택을 할지는 이미 상대의 마음속에 정해져 있을 것이다.